U0894524

- 国家出版基金资助项目
- 弘扬社会主义核心价值体系出版工程重点图书
- 国家社会科学基金重大招标课题“实施中国特色社会主义理论体系普及计划的途径、载体和方法研究”项目成果

弘扬社会主义核心价值体系出版工程重点图书

中国特色社会主义理论体系普及读本

总主编：顾海良　佘双好

民生　和谐　幸福

中国特色社会主义社会建设

罗永宽　主编

图书在版编目(CIP)数据

民生 和谐 幸福:中国特色社会主义社会建设/罗永宽主编.—武汉:武汉大学出版社,2014.5
(中国特色社会主义理论体系普及读本/顾海良 佘双好主编)
弘扬社会主义核心价值体系出版工程重点图书
ISBN 978-7-307-13344-0

Ⅰ.民… Ⅱ.罗… Ⅲ.中国特色社会主义—社会主义建设模式—学习参考资料 Ⅳ.D616

中国版本图书馆CIP数据核字(2014)第098580号

责任编辑:陈 红　　责任校对:汪欣怡　　版式设计:马 佳

出版发行:**武汉大学出版社** (430072 武昌 珞珈山)
(电子邮件:cbs22@whu.edu.cn 网址:www.wdp.whu.edu.cn)
印刷:武汉中远印务有限公司
开本:720×1000 1/16 印张:11.75 字数:162千字 插页:4
版次:2014年5月第1版 2014年5月第1次印刷
ISBN 978-7-307-13344-0 定价:28.00元

总序言

顾海良

围绕中国特色社会主义理论体系和社会主义核心价值体系的基本现状，我们编写了“中国特色社会主义理论体系普及读本”丛书，它是国家弘扬社会主义核心价值体系出版工程重点图书。丛书分作十二册，以中国特色社会主义理论体系和社会主义核心价值体系的基本内容和精神实质为主线，力图对当代中国马克思主义的这两个重要理论成果作出全面的探索和适合于马克思主义中国化时代化大众化的阐释。

中国特色社会主义理论体系是包括邓小平理论、“三个代表”重要思想、科学发展观在内的科学理论体系，是对马克思列宁主义、毛泽东思想的继承和发展，是马克思主义中国化最新成果，是实现中华民族伟大复兴的正确理论。这一理论体系，在建设中国特色社会主义的思想路线、发展道路、发展阶段、发展战略、根本任务、发展动力、依靠力量、国际战略、领导力量和根本目的等各个方面，在中国特色社会主义经济建设、政治建设、文化建设、社会建设、生态文明建设和党的建设等各个领域，形成了一系列独创性的思想理论观点，回答了在中国这样一个十几亿人口的发展中大国建设社会主义的一系列重大的理论和实践问题。这一理论体系，与中国特色社会主义的道路和制度密切地联系在一起，道路是实现途径、制度是根本保障、理论体系是行动指南，三者统一于中国特色社会主义伟大实践，并随着实践而不断发展和完善。在当代中国，坚持和发展中国特色社会主义，最根本的就是要坚持和拓展中国特色社会主义道路，坚持和丰富中国特色社会主义理论体系，坚持和完善中国特色社会主义制度，坚定中国特色社会主义的道路自信、制度自信、理论自信。

社会主义核心价值体系的基本内容包括马克思主义指导思想、中国特色社会主义共同理想、以爱国主义为核心的民族精神和以改革创新为核心的时代精神、社会主义荣辱观。社会主义核心价值体系是兴国之魂，是社会主义先进文化的精髓，是中国特色社会主义精神力量的内核，是社会主义意识形态的本质体现，决定着中国特色社会主义发展方向。社会主义核心价值体系要融入国民教育、精神文明建设和党的建设全过程，贯穿改革开放和社会主义现代化建设各领域。在社会主义核心价值体系建设中，要积极培育和践行社会主义核心价值观。社会主义核心价值观是社会主义核心价值体系的内核力和聚焦点，渗透于社会主义核心价值体系的各个方面。培育和践行社会主义核心价值观，是建设社会主义核心价值体系的根本任务，是加强社会主义核心价值体系建设的最为基本的也是最为重要的方面。

我们希望，丛书能以我国改革开放和现代化建设的实际问题、以我们正在做的事情为中心，着眼于马克思主义理论的运用，着眼于实际问题的理论思考，着眼于新的实践和新的发现。“明者因时而变，知者随事而制。”在对中国特色社会主义理论体系和社会主义核心价值体系的研究和阐释中，能凸显马克思主义基本原理的科学内涵、精神实质和时代风格，提升中国特色社会主义道路和制度探索的理论精髓，体现科学社会主义当代发展的新概括和新提炼。能在现实、理论与历史的结合上，在党性和人民性的统一上，在维护国家意识形态安全和发挥意识形态引导功能的协同上，在中国的现实发展和中国梦的未来憧憬的联结上，彰显中国化马克思主义的解释力、影响力和作用力，提升中国化马克思主义的理论自觉、理论自信和理论自强。

我们希望，丛书能从多方面阐明中国特色社会主义理论体系和社会主义核心价值体系，在丰富人民精神世界、增强人民精神力量、满足人民精神需求上的理论指导和实践导向，对全社会形成统一指导思想、共同理想信念、强大民族精神和时代精神力量及基本道德规范上发挥强大的推进力；在巩固壮大主流思想舆论和弘扬主旋律上，产生更大的正能量，激发全社会团结奋进的强大力量；在事关大是大非和政治原则问题上，能划清是非界限、澄清模糊认识，增强主动性、掌握主动权、打好主动仗；在积极引领社会思潮中发挥中坚作用，在多元中立主导、在多样中谋共识、在多变中定方向。

我们希望，丛书能在学习借鉴人类文明成果的基础上，用中国的理论研究和话语体系解读中国实践、中国道路、中国形象，不断概括出理论联系实际的、科学的、开放融通的新概念新范畴新表述，传播中国好声音，形成具有中国特色、中国风格、中国气派的哲学社会科学学术话语体系。能把握好“时、度、效”，努力讲真、讲实、讲好、讲活、讲深中国故事、中国情怀，进一步扩大中国道路、制度及其理论体系和核心价值观的感召力、影响力和认同力，不断提升国家文化软实力和中华文化国际感染力。

丛书是由武汉大学马克思主义理论学科的老师们合作撰写的，也是以佘双好教授为首席专家的国家社会科学基金重大招标课题“实施中国特色社会主义理论体系普及计划的途径、载体和方法研究”项目的部分研究成果。

2013 年 9 月 10 日

目　录

CONTENTS

引言　和谐：社会理想　执政理念　民众福祉

实现社会和谐，建设美好社会，一直是人类孜孜以求的社会理想，也是中国共产党人的不懈追求。

振叶以寻根，观澜而索源。社会和谐的精神根系渊源有自，源流绵长，和合文化的价值意蕴含英咀华，植根于深厚的中华文化沃土。和合二字均见于甲骨文、金文。和之初义是声音相应和谐；合之本义是上下唇合拢、结合，有合作、合好、融合之意。中国历史曾产生过不少有关社会和谐的思想。孔子说过“和为贵”，墨子提出了“兼相爱”、“爱无差等”的理想社会方案，孟子描绘了“老吾老以及人之老，幼吾幼以及人之幼”的社会状态。两千多年来，对“小康社会”、“大同社会”的不同述要，反映了不同时代国人对和谐社会的期冀和追索。无独有偶，在西方，古希腊哲学家毕达哥拉斯提出“和谐最美”，柏拉图提出“公正即和谐”，赫拉克利特提出“对立和谐观”。近现代以降，西方学者提出的社会建设、社会管理的论说，譬如协和社会论、结构功能论、社会系统论等，蕴涵着诸多关乎社会和谐的思想。一些西方国家政府提出并实施了社会建设和管理的政策。但在马克思主义者看来，资本主义制度下难以实现真正意义上的社会和谐。

马克思、恩格斯创立的科学社会主义理论，勾勒了未来社会的美好蓝图，指明了实现这一理想至境的途径。他们肯定了傅立叶等空想社会主义者有关社会和谐的构想，同时也深刻分析了其历史局限性和理论缺陷。如果我们发掘马克思的市民社会理论、卢森堡的社会主义民主理论以及西方马克思主义的意识形态理论，不难从这些理论资源中提取马克思主义政治哲学的丰富内容，并有助于我们构建社会主义和谐社会的马克思主义哲学资源。

在长期实践中，中国共产党人不断探索和发展了中国特色社会主义社会建设理论。全面执政后，毛泽东发表了《论十大关系》、《关于正确处理人民内部矛盾的问题》等著作，提出了正确处理社会发展中的若干重大关系、正确处理人民内部矛盾、正确解决城乡各阶层和各方面的利益关系等重要思想，对当下的社会建设仍具有指导意义。党的十一届三中全会后，邓小平对社会主义社会建设提出了一系列重要论断，如关于社会主义本质的思想，关于按照统筹兼顾原则来调节各种利益关系的思想，关于建立安定团结的政治环境、维护社会稳定的思想等，建构了新时期社会建设理论的重要内容。党的十三届四中全会后，江泽民根据国内外形势的发展变化，提出了关于促进社会主义物质文明、政治文明、精神文明协调发展的思想，关于人的全面发展的思想，关于实现好、维护好、发展好最广大人民根本利益的思想，关于正确反映和兼顾不同方面群众利益的思想，关于正确处理改革发展稳定关系的思想等，丰富和发展了执政党关于社会主义社会建设的理论。

2003 年，一种未知的冠状病毒悄然降临中国，在神州大地乃至周遭国家引发了一场大流行的疾病。突发性的冲击、发展中的深层次矛盾以及脆弱的社会管理机构等多重因素交织并存，迅速演变为一场危及政治和社会稳定的突发公共卫生事件。我国政府在执政理念、社会管理体系、信息公开、综合协调和国际合作等方面的原有积弊，在“非典”危机中暴露得一览无余。我们党在领导人民取得抗击“非典”的胜利之后，对其中的经验教训进行了深刻反思和总结，在此基础上提出了以人为本的科学发展观等执政新理念，进而把社会建设提上了日程，并郑重地将其纳入现代化建设事业的总布局。

2004 年 9 月，党的十六届四中全会首次把“社会主义”与“和谐社会”结合起来，提出了构建社会主义和谐社会的战略任务。胡锦涛进而系统阐述了社会主义和谐社会的深刻内涵和主要任务。党的十七大报告明确指出，“社会和谐是中国特色社会主义的本质属性”，“构建社会主义和谐社会是贯穿中国特色社会主义事业全过程的长期历史任务”。十七大通过的新党章把“和谐”增写到党的基本路线之中，提出“建设富强民主文明和谐的社会主义现代化国家”的奋斗目标。

同时，党章还增写了关于社会建设的内容。

社会主义和谐社会理论的提出，是中国共产党执政理念的重大创新。它表明了我们党对什么是社会主义有了更深刻的认识，对执政环境和执政使命的清醒认识与自觉把握。社会和谐是国家富强、民族振兴、人民幸福的重要保证，是全党和全国各族人民的根本利益所在。社会和谐理应成为全党全国人民奋斗和追求的目标，每一位共产党员和公民都理应成为社会和谐的积极促进者。因此，社会主义和谐社会理论的提出，进一步深化了对共产党执政规律、社会主义建设规律和人类社会发展规律的认识，丰富了中国特色社会主义理论和马克思主义关于社会主义社会建设的理论，是党执政理念的重大创新。

我们所要建设的社会主义和谐社会，是民主法治、公平正义、诚信友爱、充满活力、安定有序、人与自然和谐相处的社会。这些基本特征内容丰富，既描绘了社会主义和谐社会的美好蓝图，又提出了构建社会主义和谐社会的具体要求，紧密联系、相互贯通，共同揭示了社会主义和谐社会的本质内涵。

构建社会主义和谐社会，须把最广大人民的根本利益作为党和国家一切工作的出发点和落脚点，实现好、维护好、发展好最广大人民的根本利益，须紧紧围绕全面建设小康社会的总目标，全面推进以民生为重点的社会建设，做到发展为了人民、发展依靠人民、发展成果由人民共享。

构建社会主义和谐社会，须逐步形成社会公平保障体系，促进社会公平正义；须坚持正确处理改革发展稳定的关系，以改革促进和谐、以发展巩固和谐、以稳定保障和谐，牢牢把握最大限度激发社会活力、最大限度增加和谐因素、最大限度减少不和谐因素的总要求，确保人民安居乐业、社会安定有序、国家长治久安。

构建社会主义和谐社会，须积极推进社会治理创新。时值我国工业化、信息化、城镇化、农业现代化“新四化”协调推进，新的社会需求、社会矛盾和社会现象交织并存，带来国家治理和社会管理上前所未有的发展机遇与挑战。面对日趋复杂的社会矛盾、多元的利益主体和不断增长的民生诉求，各级政府的社会治理能力与社会服务能力愈显不足，社会治理创新迫在眉睫。因此，创新社会治理的理念、体制、机制和方法，完善党委领导、政府负责、社会协同、公众参与的社会管理格局，加强社会治理法律建设，完善基层社会管理服务体系，就显得迫切而意义重大。

社会建设与民众福祉、民众幸福息息相关。尤须在追求经济又好又快发展的同时，更加注重社会建设，着力保障和改善民生，推进社会体制改革，扩大公共服务，完善社会管理，促进社会公平正义，努力使全体人民学有所教、劳有所得、病有所医、老有所养、住有所居，努力实现经济发展和人民幸福指数同步提升。

民生推进编

狭义的民生从社会层面着眼，主要指民众的基本生存和生活状态以及民众的基本发展机会、基本发展能力和基本权益保护的状况等。加快推进以改善民生为重点的社会建设，基本要求是积极解决好教育、就业、收入分配、社会保障、医疗卫生和社会管理等直接关系人民群众根本利益和现实利益的问题，努力使全体人民学有所教、劳有所得、病有所医、老有所养、住有所居，推动建设和谐社会。

第1章　民生为重

社会建设要以彰显社会公平正义为内核。社会的公平正义既是社会建设的终极目标，又是社会建设的基本价值理念。从关注民众基本生存诉求到关注民众较高层面的社会福利问题，党和国家始终将民生放在国计的同等地位。党的十七大以来，党和国家将以民生为重点的社会建设摆在了更加突出的位置，关注民生、重视民生、保障民生、改善民生，成为体现立党为公、执政为民的核心内容。

1.1　从恩格尔系数说起

1.1.1　恩格尔系数衡量民生质量

1857年，德国经济学家和统计学家恩斯特·恩格尔(Ernst Engel)研究了欧洲关于家庭购买食物支出的统计数据，发现家庭用于购买食物的支出占家庭总支出的比例越大，则该家庭越贫困，随着家庭越来越富裕，那么该家庭用于购买食物的支出占家庭总支出的比例就越来越小。推而广之，一个国家越穷，每个国民的平均收入中(或平均支出中)用于购买食物的支出所占比例就越大，随着国家逐步富裕，这一比例呈下降趋势。这一发现被称为恩格尔定律，家庭用于购买食物的支出同家庭消费总支出之间的比例被称为恩格尔系数。用公式表示为：

恩格尔系数=购买食物的支出额/家庭消费总支出额×100%

从公式中可以看出，恩格尔系数越小，在家庭消费总支出一定时，购买食物的支出额越小；在购买食物的支出额一定时，家庭消费总支出额越大。恩格尔系数越大，在家庭消费总支出一定时，购买食物的支出额越大；在购买食物的支出额一定时，家庭消费总支出额越小。

一个家庭恩格尔系数较大时，购买食物的支出额占家庭消费总支出额的比例越大，则说明该家庭相对贫困。对于一国而言，表明该国相对贫穷。一个家庭恩格尔系数较小时，购买食物的支出额占家庭消费总支出额的比例越小，则说明该家庭比较富有。同理，对于一国而言，表明该国比较富裕。

从字源上看，和谐的“和”是由左边一个“禾”和右边一个“口”组成。禾就是粮食，而口就是人对粮食的需求，民以食为天，所以“和”最基本的意思就是人人要有饭吃，也就是说要达到和谐社会首先就要解决民生问题。用恩格尔系数来作为衡量家庭和国家富裕程度的标准，已经越来越被国际社会所认可。

目前大多数国家已经用恩格尔系数来评价本国的富裕程度。联合国粮农组织根据恩格尔系数对全世界的贫富情况进行了划分，恩格尔系数在60%以上的为贫困，恩格尔系数在50%~60%的为温饱，恩格尔系数在40%~50%的为小康，恩格尔系数在30%~40%的为富裕，恩格尔系数在30%以下的为最富裕。

《汉书·郦食其传》曰：“王者以民为天，而民以食为天。”粮食是人类赖以生存的最基本的生活资料，对于拥有13亿人口的中国而言，吃饭问题是人民生活稳定和社会安定和谐的基础。国民倘若连最起码的温饱问题都无法保证，则民生维艰，国情严峻。由此可见，恩格尔系数事关百姓福祉，是衡量民生状况的一个重要尺度。

第二次世界大战后，世界经济得到快速发展，科学技术突飞猛进，世界大多数国家的国民生活水平提高较快，发达国家的恩格尔系数降低显著。同时，发展中国家的恩格尔系数也呈逐渐降低趋势。

虽然恩格尔系数也存在着一定意义上的理论缺陷，用恩格尔系数来衡量中国人民的生活水平和富裕程度，似乎有些“水土不服”，但以改革开放为界，前后两个历史时期的恩格尔系数差异性较大，尤其是进入21世纪以来，我国城乡居民家庭的恩格尔系数均呈加速下降趋势。以国际惯用的恩格尔系数作为划分标准，我国已经进入了小康和富裕阶段。

1.1.2 我国恩格尔系数下降的原因

2011年9月20日，国家统计局新闻发言人在答记者问中提出，改革开放30余年来中国的恩格尔系数，无论在农村还是城市，都是往下走的。2011年中国城镇家庭恩格尔系数为36.3%，农村家庭为40.4%。而在改革开放之初的1978年，中国城镇家庭恩格尔系数为57.5%，农村家庭为67.7%（见表1）。近5年来，部分年份的恩格尔系数虽然出现反弹（即略高于上一年），但中国恩格尔系数总体下降的格局没有改变。这表明，从总趋势来看，我国的恩格尔系数在降低，食品支出占总收入的比重在逐年减小，国民生活水平在逐步提高，已由濒临贫困的历史起点，经由温饱型社会跨越了小康型社会，开始步入富裕型社会。

表1 **城乡居民家庭人均收入及恩格尔系数①**

年份	城镇居民家庭人均可支配收入		农村居民家庭人均纯收入		城镇居民家庭恩格尔系数（%）	农村居民家庭恩格尔系数（%）
	绝对数（元）	指数（1978=100）	绝对数（元）	指数（1978=100）		
1978	343.4	100.0	133.6	100.0	57.5	67.7
1979	405.0	115.7	160.2	119.2		64.0
1980	477.6	127.0	191.3	139.0	56.9	61.8

① 参见中华人民共和国国家统计局：《中国统计年鉴2012》，中国统计出版社2012年版。

续表

年份	城镇居民家庭人均可支配收入		农村居民家庭人均纯收入		城镇居民家庭恩格尔系数（%）	农村居民家庭恩格尔系数（%）
	绝对数（元）	指数（1978＝100）	绝对数（元）	指数（1978＝100）		
1981	500.4	129.9	223.4	160.4	56.7	59.9
1982	535.3	136.3	270.1	192.3	58.6	60.7
1983	564.6	141.5	309.8	219.6	59.2	59.4
1984	652.1	158.7	355.3	249.5	58.0	59.2
1985	739.1	160.4	397.6	268.9	53.3	57.8
1986	900.9	182.7	423.8	277.6	52.4	56.4
1987	1002.1	186.8	462.6	292.0	53.5	55.8
1988	1180.2	182.3	544.9	310.7	51.4	54.0
1989	1373.9	182.5	601.5	305.7	54.5	54.8
1990	1510.2	198.1	686.3	311.2	54.2	58.8
1991	1700.6	212.4	708.6	317.4	53.8	57.6
1992	2026.6	232.9	784.0	336.2	53.0	57.6
1993	2577.4	255.1	921.6	346.9	50.3	58.1
1994	3496.2	276.8	1221.0	364.3	50.0	58.9
1995	4283.0	290.3	1577.7	383.6	50.1	58.6
1996	4838.9	301.6	1926.1	418.1	48.8	56.3
1997	5160.3	311.9	2090.1	437.3	46.6	55.1
1998	5425.1	329.9	2162.0	456.1	44.7	53.4
1999	5854.0	360.6	2210.3	473.5	42.1	52.6
2000	6280.0	383.7	2253.4	483.4	39.4	49.1
2001	6859.6	416.3	2366.4	503.7	38.2	47.7
2002	7702.8	472.1	2475.6	527.9	37.7	46.2

续表

年份	城镇居民家庭人均可支配收入		农村居民家庭人均纯收入		城镇居民家庭恩格尔系数（%）	农村居民家庭恩格尔系数（%）
	绝对数（元）	指数（1978=100）	绝对数（元）	指数（1978=100）		
2003	8472.2	514.6	2622.2	550.6	37.1	45.6
2004	9421.6	554.2	2936.4	588.0	37.7	47.2
2005	10493.0	607.4	3254.9	624.5	36.7	45.5
2006	11759.5	670.7	3587.0	670.7	35.8	43.0
2007	13785.8	752.5	4140.4	734.4	36.3	43.1
2008	15780.8	815.7	4760.6	793.2	37.9	43.7
2009	17174.7	895.4	5153.2	860.6	36.5	41.0
2010	19109.4	965.2	5919.0	954.4	35.7	41.1
2011	21809.8	1046.3	6977.3	1063.2	36.3	40.4

改革开放之后，我国逐步放弃了计划经济体制，走上了市场经济的道路，30 多年来，经济总量以近 10%的年增长率高速发展，经济面貌发生巨变，GDP 总量超过了日本，2013 年我国人均 GDP 已经达到了 6000 多美元，进入了中等发达国家的水平。人民生活水平大幅度提高，人均纯收入大翻番。按可比价格计算，城镇居民人均可支配收入增长了 33 倍多，农村居民人均纯收入增长了 26 倍多。城镇和农村居民的恩格尔系数分别于 1996 年和 2000 年首次降至 50%以内，这与中国居民生活 2000 年总体上达到小康水平(以人均 GDP 指标衡量)的情况基本吻合。由此可见，从一个较长时段来观察，恩格尔系数的下降对应着收入水平的提高，这表明恩格尔定律比较客观地反映了经济规律。

从公式中可以看出，要使恩格尔系数下降，要么家庭消费总支出增加，要么购买食物的支出下降，或者是购买食物的支出和家庭消费总支出都增加，但购买食物的支出增长幅度低于家庭消费总支出的增长幅度。根据我国经济高速发展的情况来看，显然购买食物支出与家庭消费总支出额都增加了，但前者增长幅度小于后者，这种情况是比较符合事实的。

经济学家凯恩斯研究居民消费时，发现了边际消费倾向的定律，主要内容是，随着居民收入不断增加，用于消费的支出也是不断增加的，不过收入的增长率是大于消费的增长率的，也就是说当居民收入很低的时候，会拿出比较大的部分用于消费，当收入很高的时候，用于消费的比率就不会很高。但总的来说，随着收入绝对数量的增加，消费的绝对数也是在不断增加的。

分析上表的数据，我们可以明白人均纯收入增长时，家庭消费支出也是在不断增长，同时食品的支出也是在增加的。这些数据本身也说明了，我国恩格尔系数下降的主要原因就是人均纯收入的增长带来了人均消费的增长，同时期食品支出的增长幅度小于收入的增长幅度。

除了居民收入水平这个主要因素外，消费偏好、消费方式、消费政策和制度、消费品或劳务市场的供求状况等因素，则通过影响消费品或劳务的品种、购买量、价格水平间接地影响恩格尔系数。譬如，居民家庭的收入水平越高，其购买的食品以外的消费品或劳务(无论品种或数量)往往会更多，从而使恩格尔系数变小；又如南方人普遍较北方人更讲究吃，注重食物的好、精、细、鲜，食品支出数额就大，因此南方省份的恩格尔系数普遍比北方省份的高；从消费方式看，在外就餐的支出一般要高于其他方式就餐支出，故在外就餐比例较大的上海、广东等发达地区居民的食品支出所占份额较大，从而恩格尔系数也较大。

考察我国恩格尔系数下降的原因，还应有更开阔的视角。随着教育、住房和医疗保健等制度的改革，城镇居民在旧体制下享受的政府福利性质的消费急剧减少，许多被动的大额支出项目使总支出大幅度增加，形成了看病难、上学难、住房难等所谓的“新三座大山”。研究显示，近年来城镇居民各类消费支出中增长最快的是教育和医疗保健等费用。为了应对高昂的房价、医疗费用和子女教育费用，加之社会保障体系不完善，部分地区的居民不得不“从牙缝里抠食”，食物支出部分被挤小，相应地恩格尔系数出现下降。数据表明，2007 年全国有 31.8%的买房者，要将当月收入的一半用于归还房贷。一份有关北京、上海、广州等八大城市关于教育支出的调查数据表明，我国家庭支出用于子女教育的占了将近 1/3，农村家庭用于子女的教育花费虽然只占到了城市的 1/2，但相对于农村家庭总支出来说已是相当高。部分家庭“因病致困”、“因病返贫”现象时有发生。这些因素在我们考察恩格尔系数下降时也需要考虑。

1.1.3 非均衡的民富趋向

时下，一些地方政府将恩格尔系数列入全面建成小康社会的指标体系，或作为考核政府业绩的一项重要指标。固然从恩格尔系数的变化可以大体考察一地民富的程度和趋向，但从更大的范围看，改革开放以来的 30 余年间，我国的民富趋向呈现出明显的非均衡性。

从 1979 年到 1991 年，我国城乡居民家庭恩格尔系数大多数年份小于 60%，表明城乡居民生活基本上解决了温饱，迈向总体小康。1992 年邓小平发表南方谈话后，党的十四大将经济体制改革目标定位于社会主义市场经济，改革进入了整体配套、重点突破和全面攻坚的新阶段。农产品价格的提高为农民收入增长提供了良好基础，农村居民家庭的恩格尔系数从 1992 年的 57.6%下降到 2000 年的 49.1%。在此期间，政府制定了积极扶植和支持非公经济发展的一系列政策，非公经济得到迅速发展，在解决就业的同时增加了城镇居民收入。政策导向推进了经济社会的变革，城乡居民生活基本实现了总体小康。

进入 21 世纪，中央先后出台了逐步减免农业税、实行粮食直补等前所未有的惠农举措，提高了农民的生产积极性，使种粮农民真正得到实惠，对农民收入的增加起到至关重要的作用。同时，扶贫开发力度的加大、新农村建设的推进，也为农民增收提供正能量，农村居民经营性收入倍增。在城镇，收入分配制度的改革进一步推进，各级政府切实落实各项增收措施，促使效益好的企业纷纷增加职工工资及奖金、福利补贴；工资制度改革使得机关事业单位职工工薪收入大幅提高，城镇居民收入有了较快增长。

总而言之，在这一时期，我国城乡居民收入快速增长，收入来源渠道趋于多元，收入结构明显优化，从城乡居民人民币储蓄存款年底余额看，2007年全国城乡居民人民币储蓄存款(年底余额)比1978年增长818倍，年均增长26%。

30余年来，我国城乡居民消费结构明显优化，逐步开始了从温饱向小康转型的消费模式，食品消费、衣着消费更加注重品质和个性化，从20世纪80年代的自行车、缝纫机、手表“老三件”，到90年代的彩电、冰箱、洗衣机的“新三件”，随后科技含量更高的多样化家电产品又取代了“新三件”，居民家庭住房显著改观。同时，发展和享受型消费比重上升，城乡居民对文化教育、身心健康、交通通信、旅行娱乐等投入不断增大。城镇低收入人群得到保障，农村贫困人口大幅度减少，城乡居民生活向全面小康社会迈进扎实的一步。

透过新时期取得的历史性成就，我们承认“效率优先”这一方针的实效之大，但也不难发现其存在着另一发展趋势，即非均衡的民富趋向。我国城乡居民收入差距在持续扩大，受现有国民收入分配格局的影响，农民收入基数低，农民收入增长的速度低于国民经济的增长速度和城镇居民人均可支配收入的增长速度。此外，地区之间、行业之间、阶层之间等，民富的发展程度，也是非均衡性的。当这些方面的非均衡性因素累积到一个临界点时，被兼顾的公平就会成为一个日渐凸显的问题。

1.2 基尼系数的背后

1.2.1 基尼系数折射社会公平度

1922年，意大利经济学家基尼(Corrado Gini)，根据洛伦茨曲线找出了判断分配平等程度的指标，设实际收入分配曲线和收入分配绝对平等曲线之间的面积为A，实际收入分配曲线右下方的面积为B，以A除以A+B的商表示不平等程度。作为一个在0和1之间的比例数值，它日渐成为国际上用以综合考察、定量测定居民内部收入分配差异程度的一个重要分析指标。这个数值被称为基尼系数或洛伦茨系数。

国际上用以分析和反映一国居民收入分配差距的方法和指标有多种，但基尼系数给出的反映居民之间贫富差异程度的数量界线，可以较客观、直观地反映和监测居民之间的贫富差距，并对政府治理具有预报、预警和防范功能，因此得到世界各国的广泛认同和普遍采用。

鉴于基尼系数反映的社会收入分配的均等程度的可测性和可比性，联合国根据基尼系数对世界上各国的贫富差距作出了划分，0 表示收入完全平等，1 表示收入完全不平等，这是两种极端的情况，在世界各国是不会出现的。小于 0.2 表示收入绝对平均；0.2~0.3 表示比较平均；0.3~0.4 表示相对合理；0.4~0.5 表示收入差距较大；0.6 以上表示收入差距悬殊。其中 0.4 为国际警戒线，大于 0.6 则有可能因为收入差距过大而引起社会动荡。

基尼系数越小，反映收入水平越平均；反之，基尼系数越大，表明财富向少数人集中。一般发达国家的基尼系数在 0.24~0.36。世界银行在 2004 年公布了一份研究报告，报告表明大多数拉美国家的人均 GDP 已经超过了 3500 美元，有的个别国家甚至超过 5000 美元；但拉美国家是全球贫富差距最严重的地区，其平均基尼系数已达 0.522，远远高出他们的经济发展水平。正是贫富差距过于悬殊，使得拉美国家社会动乱的情况常有发生。

20 世纪初，美国也曾经发生社会收入过于拉大而造成的社会动荡的情况。第二次工业革命催生了美国经济的快速繁荣和财富的迅猛增加，但是贫困现象却并没有因此而消失。著名社会活动家和经济学家亨利·乔治尖锐地质疑：“为什么伴随着经济增长的却是遍地贫困？为什么那么多的财富却没有使所有的人都过上体面的生活？”1979 年，美国经济学家舒尔茨在诺贝尔经济学奖颁奖典礼的演讲中说：“世界上大多数人是贫穷的，所以如果我们懂得了穷人的经济学，也就懂得了许多真正重要的经济学原理。一个社会的消费者中穷人太多、富人太富，迟早要出问题。”

关于基尼系数“警戒线”的国际通行标准值 0.4，根据黄金分割律，其准确值应为 0.382，这是对许多国家实践经验的一种抽象与概括，仅具有一般性意义。我国当前公布的基尼系数多是根据城乡居民看得见的收入测算出来的，但现行统计调查制度与实际情况相脱节，部分统计数据失真，如工资、存款以外的各项实物收入和福利、津贴、股票债券收入以及兼职收入、“灰色收入”等均难以确切统计。加之各国国情差异性大，居民承受能力及社会价值观也不尽相同，故这一“警戒线”适合用作各国宏观调控的参照系，既要高度重视，又不宜成为一种禁锢和教条。

1.2.2 基尼系数警戒线的背后

2013 年 1 月，国家统计局局长马建堂在国务院新闻办的新闻发布会上首次披露由该局测算的基尼系数，从 2003 年到 2012 年，全国居民基尼系数分别为 0.479、0.473、0.485、0.487、0.484、0.491、0.490、0.481、0.477、0.474。也就是说，10 年间的基尼系数徘徊在 0.47～0.49，2008 年达到最高的 0.491 后，开始逐步回落。①

这组数据是国家统计局按照新标准、新口径、老资料计算出来的，与世界银行计算的中国居民基尼系数差不多，表明我国的基尼系数已然越过“警戒线”。

另据国家统计局的测算，1978 年我国农村居民的基尼系数大致为 0.21～0.24，城市居民的基尼系数为 0.16～0.18，说明当时我国的居民收入分配基本呈平均主义状况。对改革开放以来我国收入差距的演变趋势、影响因素和现状的判断，一直是社会各界关注和争论的热点问题，特别是近几年受到前所未有的关注，中央政府在重大场合也一再强调调节收入差距的紧迫性。目前关于中国收入差距的争论主要体现在两个方面：一是中国收入差距水平究竟有多大；二是中国目前收入差距水平是否合理。前者是一个实证问题，须通过对经验数据的分析研究得出客观结论，后者是一个价值判断问题，须在科学的实证研究结果和收入分配理论基础上，给出合乎逻辑的论证。

国家统计局首次公布基尼系数引起的社会反响是巨大

① 《人民日报》，2013 年 1 月 19 日第 4 版。

的。官方口径已消失十年，十年数据一次性补上。社会各界对此的争议聚焦于基尼系数下降趋势与实际感受不符及民间版数据更高。中国民间调查数据显示，2012年中国基尼系数是0.61。对此，应该看到，无论官方统计还是民间调查，都应是统计体系的有机组成部分。规范的民间调查是官方统计重要的、有益的补充。无论是官方统计，还是民间调查，都需要建立一个科学的统计制度，都需要一个规范的抽样方法，都需要一个适量的、妥当的样本数目，都需要一个严谨的发布态度。

全国居民基尼系数的计算和发布，需要从城乡分开的、城乡收入概念不一致的住户调查制度，走向全国统一的城乡可比的住户调查制度。2008年金融危机后，随着我国各级政府采取了强有力的若干惠民措施，基尼系数从2008年最高的0.491逐步回落。

对于我国基尼系数成因的解读，学界可谓见仁见智。值得注意的一个观点是著名经济学家吴敬琏的见解。他把我国基尼系数过大的主要原因归结为两个方面："主要由于腐败和垄断等非市场的原因，20世纪80年代以后收入差距进一步扩大，全体居民的基尼系数在20世纪90年代初期突破了公认的警戒线0.4。"①

0.47~0.49的基尼系数，反映收入差距很大，城乡差距约有3倍。按照城镇工资统计，高收入行业和低收入行业大概有4倍的差距。这些数据背后，折射出城乡二元社会结构成为基尼系数上升的重要背景，表明加快收入分配改革、缩小收入差距、统筹城乡经济社会发展的紧迫性。

1.2.3 贫富差距影响社会和谐

贫富差距是一个古老而常新的话题。历史地看，自从人类社会进入阶级社会以来，贫富差距就一直客观存在着，适度合理的贫富差距对于社会运行有着一定积极作用。绝对平均主义的理想和实践，也往往被证明是不利于社会发展的。

---

① 吴敬琏：《中国发展新阶段需要研究的若干重大问题》，《中国改革》，2007年第9期。

只有当贫富差距过大时，贫富差距才会成为社会问题凸显出来。

党的十六大提出了使“社会更加和谐”的要求，党的十六届四中全会首次提出了构建和谐社会的命题。自此，和谐社会引起国人的广泛关注和认同。仅就目前的基尼系数而言，日益扩大的贫富差距成为抵达这一理想境地的一大“拦路虎”，进而引致诸多不和谐乃至不稳定的社会现象。

由前述新时期以来中国基尼系数的变迁可见，中国已成为一个社会贫富差距较为严重的国家：城乡之间、区域之间、产业之间、阶层之间以及占有不同资源的利益群体之间的收入差距急剧扩大。世界银行和清华大学社会学系李强教授等的统计数据表明，从1994—1997年，中国最富裕的1/5家庭和收入最低的1/5家庭的收入差距从10. 34倍扩大到12. 41倍。而根据财政部的统计，到2003年底，二者之间的收入差距已经扩大到22. 3倍。20世纪90年代以来，从社会财富在居民中进行分配的变动曲线来看，除了最上层的1/5，其余家庭财产所占社会全部收入的比值都在下降，社会新增财富的分配在很大程度上向富人倾斜。

美国经济学家威廉·阿瑟·刘易斯在第二次世界大战后，对发展中国家贫困及经济发展速度缓慢的内在原因进行了深入研究，认为“收入分配的变化是发展进程中最具有政治意义的方面，也是最容易诱发妒忌心理和社会动荡混乱的方面”。清华大学学者胡鞍钢等也认为，城乡差距和地区差距、基尼系数快速增长等因素已经使中国再次进入不稳定时期。

贫富差距拉大可能导致贫富阶层之间的冲突。在当下中国，收入差距和收入不平等正在定型化为一种两极化的社会结构。结构上端是拥有大量财富的强势群体（经济精英、政治精英和文化精英）；下端是利益相对受损的弱势群体（绝大多数农民、农民工和城市失业下岗人员），两极之间有一个比例较小且较易受到冲击的相对脆弱的中间阶层。这使得中国社会的阶层分布呈现出不利稳定的“哑铃”形。近年来，处于社会两极的社会群体的安全感都相对较差。弱势群体“相对剥夺感”显化，其不安全感主要来自医疗、住房和教育改革后的基本生存困扰以及对于未来不确定性的隐忧，易滋生对社会、政府和富人的不满情绪，并因部分既得利益者的“为富不仁”表现而得到强化和叠加，引发社会心理失衡和不稳定。

贫富差距扩大和相对剥夺感的显化，容易导致社会犯罪率上升。社会学家的研究表明，1978—1994 年中国社会基尼系数变化与罪案趋势呈正相关关系。社会不平等的结果会在社会秩序中得到体现。随着基尼系数不断扩大，低收入者的相对剥夺感就会增强；而人们的相对剥夺感愈强，社会布满仇富心理和戾气，从事犯罪活动的可能性就愈大，对社会和谐稳定的威胁也越大。

理性地看待先富阶层是必要的。我国当前的贫富差距，既有“让一部分人先富起来”的政策驱动，有分配制度改革、资源拥有、市场机遇、个人素质和社会贡献不同等正常合理的成因，这是主要因素。少数富人在法治相对不彰、政策相对失灵、权钱交易易发的现阶段，通过掠夺性、腐败性、欺诈性、垄断性等不合理甚至非法手段获得财富而导致的贫富差距，进一步加剧了社会弱势群体的被剥夺感，使得相当多的人对“富人”的看法趋于消极或否定，挫败了人们心目中的公平正义感。

邓小平曾掷地有声地指出：“社会主义的目的就是要全国人民共同富裕，不是两极分化。如果我们的政策导致两极分化，我们就失败了。”①言犹在耳，值得铭记和省思。

1.3 发展中的民生问题

GDP 数据反映的是领域之内的经济总量，GDP 优先考量的发展观在我国改革开放初期经济尚无活力的阶段，起到了较大的推动作用，但却不能在经济发展的同时，自动让收入得到同步增加。因此，发展中的民生问题得以凸显。

1.3.1 “唯 GDP”发展的困境

国内生产总值简称 GDP（Gross Domestic Product），指一

① 《邓小平文选》第三卷，人民出版社 1993 年版，第 110～111 页。

个季度或一年内一国或一地区经济产出的全部最终产品和劳务的总价值，通常作为衡量一个国家或地区经济状况的指标，反映其经济表现及财富。

不言而喻，GDP 在我国改革开放 30 多年的征程上，受到了前所未有的“礼遇”，被推崇到了至高无上的位置。我国 GDP 的高速增长在很大程度上是在政府强力推动下出现的，长期以来，各省的 GDP 上升速度，成了地方政府政绩考核的一个重要指标。在这样一种制度路径的指向之下，各省市对 GDP 的追逐和高增长一直“热情未减”，对 GDP 的推崇逐渐演化成了“唯 GDP 论”。经济学家张曙光对 2011 年全国 27 个省市经济发展目标的统计显示：10%以下的只有 4 个，12%以上 14 个，13%以上 3 个。一些省市的知名网络论坛上，比拼各地市 GDP 的热帖点击率畸高。

在以 GDP 论英雄的年代，只要能达成推升 GDP 这一目的，可以不择手段。为了推升 GDP，有的地方实施过度开发，造成对生态环境的严重破坏；有的地方过度注重基建投资，超越了地方经济的实际发展需求，造成资源严重浪费；有的地方过度依赖房地产市场对相关行业的拉动作用，造成房价畸高；有的地方对企业过于迁就，造成职工利益维护的缺失。

唯 GDP 至上的发展观扭曲了地方政府的政绩观，使得地方发展经济越来越只重视数量而不重视质量，甚至弄虚作假，攀比较劲，唯恐任内 GDP 竞争落伍。这还在客观上鼓励了地方政府在数据中“注水”，成为全国与地方数据差距巨大的主要原因之一。扭曲的政绩观反过来促使地方政府形成唯大项目至上的发展观，好大喜功，“摊大饼式”地粗放发展，不考虑项目的资源消耗、生态退化、环境污染等损失核算，也不顾及其是否能够切实解决多少就业，更不考虑其能否对地方形成长远收益，只看其能否立竿见影地增加多少 GDP。

“唯 GDP 论”和“唯财政税收增长论”对民生的漠视显而易见。这种思路指导下的发展困境令人触目惊心：农民工收入增长缓慢、大学生就业难、社会保障水平低、环境质量下降等。与此同时，城乡差距、贫富差距未见缩小，乡镇政府运行艰难，“买税”成风，农民增收缓慢，部分地区粮田抛荒严重，农村凋敝，田园荒芜。经济发展也出现了结构不优、质量不高、后劲不足等问题。高增长意味着更多能耗需求，也造成对银行信贷的饥渴式追求，推动物价上涨，使中国经济经常处于通货膨胀的重压之下。

2003年春突如其来的“非典”大流行所带来的冲击是全方位的。其传染源如今尚未有定论，但人类片面追逐发展速度和经济利润对环境的破坏，使资源日趋枯竭，生态日益脆弱和恶化，却是不争的事实。其重要启示有二：一是必须用全面发展观、协调发展观来取代单纯的经济发展观，要注重经济社会的协调发展，强调以人为本，重视社会建设。而社会的协调与和谐发展，需要建立在健全的制度基础之上。二是经济发展是多方位的，经济发展宏观上包含经济增长、物价稳定、充分就业、国际贸易与收支的平衡、市场秩序、产业结构的平衡与协调、分配的公平、经济政策的安排等；微观上包括资源的利用、商品的周转率、企业的效益、产品的创新等。因此，衡量经济发展的指标必然是多元的，可以说是系列指标体系。用单一的指标来衡量经济发展的状况必然是不足的、也是不可取、不科学的。

1.3.2 民富与国强的考量

关于“大河”（喻指国家）和“小河”（喻指国民）的关系，我们一度形成的认识是“大河有水小河满，大河无水小河干”。这是一种国家积累优先、富国弱民的经济发展思路。“小河有水大河满”代表的则是另一种经济发展理念，强调先把千千万万条国民之小河灌满，让小河之水自然地流向大河，是民富而后国强的“藏富于民”理论。这一理念可谓渊源有自，是古老的治国智慧。《尚书》中有“裕民”、“惠民”的观点，《周易·益》有“益，损上益下，民悦无疆”的论述，都把重视人民的利益视为统治者的德政。荀况继承了早期儒家不与民争利的观点，进一步阐发了治国必先富民的意义。他批评统治者好利聚敛是“府库已实而百姓贫”，并分析了财富分配与国家兴亡的关系：“王者富民，霸者富士，仅存之国富大夫，亡国富筐箧、实府库。”①他从治国必先富民的理论出发，要求统治者“以政裕民”②，即采取节用薄敛和发展生产等措施，使民富裕。他说：“家五亩宅，百亩田，务其业而勿夺其时，所以富之也”，“裕民则民富，民富则田肥以易”；而生产愈发展，国家也就愈富，从而“上下俱富”。③ 荀况把民富与国富在理论上统一起来，对儒家的富民思想作了总结性的阐发。

汉赵晔在《吴越春秋·勾践归国外传》中曰：“越主内实府库，垦其田畴，民富国强，众安道泰。”“小河有水大河满”是再简单不过的道理，此所谓海纳百川——没有百川，何来大海？没有小溪，何来大河？从这个意义上讲，“大河有水小河满”这句话不仅仅违反经济规律，也不符合自然规律，世界上所有河流都是无数的涓涓溪流汇合而成的。

退一步讲，承认“大河有水小河满”的前提，是存在健全的“渠道”，使“大河”里的水有效地流至“小河”，进而使“小河”溢满。问题在于，健全的“渠道”需要成本来修建和维护。当然，国家有着再分配的功能，也就是说，国家必须修建和维护一定量的“渠道”。但是，要从全社会的意义上提高资源配置效率，就应当把水更多地留在“小河”，即藏富于民。如果国家巨额财政收入都作为中央部门的项目支出，在权力集中、权力过大的情况下，这些资金的使用效益很可能打折扣，使得“大河”的水并不必然流入“小河”。

有学者认为，藏富于民体现了现代文明的终极价值观。我们党一贯倡导集体主义精神，强调要正确处理国家、集体和个人三者间的关系。现代化征程中的追赶型发展型国家在起步初期，基于资本原始积累欠缺、生产资料不足等条件限制，把国家财富积累优先考虑，有其必要性。

藏富于民和藏富于国并非截然相对，也不一定要非此即彼。历史地看，二者都存在一些弊端，但如果基于现实考量，还是可以有所偏重和取舍的。现代真正意义上的强国，

---

① 《荀子·王制》。
② 《荀子·大略》。
③ 《荀子·富国》。

首先应该是“小河有水大河满”的民富社会，同时也是“大河有水小河满”的国富社会，而不应该是“国富而民不富”的社会，或者是少数人已然先富而全民共富遥遥无期的社会。耶鲁大学陈志武教授的研究表明，1995年至2007年，我国国家财政收入翻了5.7倍，平均每年上升16%，而城镇居民的可支配收入平均每年增长8%，农民纯收入年均增长6.2%。同期，中国的GDP是按照每年平均10.4%的速度上升。

老百姓从不用GDP衡量幸福。以人为本的执政理念扭转了这种“唯GDP”的发展模式，从淡化GDP考核到“城乡居民收入增幅赶上GDP”，背后体现了一种“富民优先”导向。“富民优先”与近年来提及较多的“民生优先”、“民生为重”一脉相承。同时，富民是在民生保障基础之上的提升和飞跃，内涵更具体、要求更高。以民生为重，就是让国民经济真正成为民有、民营、民享的经济，也就是老百姓经济。

国强是民富的保障，国强为民富创造有利的条件。民富是国强的基础，没有民富就不可能有真正可持续的国强。有鉴于此，党的十七大报告指出，初次分配和再分配都要处理好效率和公平的关系，再分配更加注重公平。强调要逐步提高居民收入在国民收入分配中的比重，提高劳动报酬在初次分配中的比重。着力提高低收入者收入，逐步提高扶贫标准和最低工资标准，建立企业职工工资正常增长机制和支付保障机制，创造条件让更多群众拥有财产性收入。

1.3.3 最大的政治

民生是当下中国最大的政治，改善民生是政府最大的政绩。社会和谐是中国特色社会主义的本质属性，在目前通过民生为重的社会建设实现社会和谐，就是最大的政治。《左传·宣公十二年》有云：“民生在勤，勤则不匮。”章炳麟在《訄书·商鞅》中有言：“国政陵夷，民生困敝，其危不可以终一哺。”孙中山的《民生主义》中讲：“民生就是人民的生活——社会的生存、国民的生计、群众的生命便是。”①此四者，是现代政府为政之要。

① 《孙中山选集》，人民出版社1981年版，第802页。

这些年来一直为社会各方面所关注，为党和国家所重视的民生问题，自然而然地会受到更多的关注、更多的期待。收入差距会继续拉大吗？社会财富的大“蛋糕”能否朝着有利于民生的方面分割？地方政府真心让高房价降下来吗？政府能够在保障性住房建设和遏制炒房等方面有新突破和行动吗？城镇化进程中地方政府会真正做到以人为核心吗？小微企业的发展窘境能得到实质性关心吗？这些方面，无不事关百姓切身利益，事关社会稳定和社会和谐。

一定意义上说民生是最大的政治，从需求角度看，民生是指与实现人的生存权利有关的全部需求和与实现人的发展权利有关的普遍需求；从人权角度看，民生就是人的全部生存权和普遍发展权。前者强调的是生活质量，即保证生存条件的全部需求和改善生活质量的普遍需求，后者追求的是生存条件。从责任角度看，是我党执政和政府施政的最高准则。

从党的执政理念看，改善民生是构建社会主义和谐社会中的题中应有之义，是一项系统工程，必须坚持以人为本，始终把最广大人民的根本利益作为一切工作的出发点和落脚点，“正确处理新形势下人民内部矛盾，认真解决人民群众最关心、最直接、最现实的利益问题”，真正做到“权为民所用、情为民所系、利为民所谋”。此外，从民生的主要内容看，“就业是民生之本”，“教育是民生之基”，“分配是民生之源”，“社保是民生之依”，“稳定是民生之盾”。

邓小平说：“社会主义财富属于人民，社会主义的致富是全民共同致富。”①构建和谐社会，就是要把民生问题作为重中之重，让广大人民群众有活干，有学上，有饭吃，有衣穿，有屋住，病有医，老有养，生活幸福，都过上好日子。为此，要实现“民富国强”，使广大人民群众切实地享受经济社会发展所带来的生活水平提升，过上有尊严的幸福生活，发展仍然是我们的第一要务。在这里，不是抛弃 GDP，走向其反面极端，而是认真反思 GDP 增长方式的科学合理性，考究 GDP 的质量。即便是在科学发展中“去 GDP”，要“去”

① 《邓小平文选》第三卷，人民出版社 1993 年版，第 172 页。

的也是既往粗放型发展模式中高消耗、重污染、结构不合理的低质量 GDP。当民富与国强终于能够摆到同等重要的位置，并基本形成共识之后，那些与老百姓生活密切相关的民生问题，也就应当摆到更加重要的位置，并得到富有成效的解决。

各得其所，出自《周易·系辞下》：“日中为市，致天下之民，聚天下之货，交易而退，各得其所”，指各人都得到满足，后指每个人或事物都得到恰当的位置或安排。在探讨民生为重的社会建设的语境下，所谓各得其所，就是要实现学有所教、劳有所得、病有所医、老有所养、住有所居。

第2章　各得其所

1941年11月，毛泽东在《在陕甘宁边区参议会的演说》中指出：“全国人民都要有说话的机会，都要有衣穿，有饭吃，有事做，有书读，总之是要各得其所。”①中共中央《关于加强党的执政能力建设的决定》提出，形成全体人民各尽其能、各得其所而又和谐相处的社会，是巩固党执政的社会基础、实现党执政的历史任务的必然要求。

2.1　学有所教

教育是民族振兴、社会进步的基石，是提高国民素质、促进人的全面发展的根本途径，寄托着亿万家庭对美好生活的期盼。强国必先强教，优先发展教育，加快提高教育现代化水平，对满足人民群众接受良好教育需求，对全面实现小康社会目标、建设富强民主文明和谐的社会主义现代化国家具有决定性意义。

2.1.1　教育是社会进步的基石

执政以来，党和国家始终高度重视教育，始终把发展人民教育事业、提高广大人民群众受教育水平和中华民族科学文化素质作为崇高奋斗目标。经过近65年特别是改革开放30多年的不懈努力，我们开辟了中国特色社会主义教育发展道路，建成了世界最大规模的教育体系，实现了城乡免费义

---

① 《毛泽东选集》第三卷，人民出版社1991年版，第808页。

务教育，保障了亿万人民群众受教育的权利，15岁以上人口平均受教育年限超过8.7年，新增劳动力平均受教育年限接近12年，超过世界平均水平；高等教育发展实现了历史性跨越，进入大众化发展阶段；职业教育在改革创新中加快发展，教育宏观结构调整取得重要突破。可以认为，教育发展极大提高了全民族素质，推进了科技创新、文化繁荣，为经济发展、社会进步、民生改善作出了不可替代的重大贡献。

新中国的教育起步于一个落后的基础之上。彼时我国80%的人口是文盲，小学和初中入学率仅有20%和6%，高校在校生仅有11.7万人。社会政治制度的改变成为新中国成立初期各类教育改革的主要动因。按照“民族的、科学的、大众的”方针，坚持向工农开门，以保障人民群众平等受教育的权利。为适应大规模经济建设需要，有计划发展各级各类教育。

教育发展道路的探索中也出现过失误和挫折。历史的经验和教训表明，社会昌明则教育兴盛，社会动荡则教育遭殃，进而影响社会进步。文化大革命期间中国教育的遭遇充分表明了这一点。幸运的是，我们党能够自我纠错并复归常识，遵循教育发展规律。

从世界近现代史的角度观之，西方国家发展教育极大地促进了社会进步、经济起飞、文明繁盛和国家强大。德国、日本、美国、以色列等国在这方面，有足资我们借鉴的历史经验。

教育是国家和民族发展最根本的事业，在党和国家事业中居于基础性、先导性、全局性地位。发展教育也是把我国巨大人口压力转化为人力资源优势的根本途径。作为一个发展中的大国的重新崛起、中国社会的显著进步，无一不与教育发展息息相关。教育强，则国强。教育兴，则事业兴。未来的竞争是人才的竞争，是全民素质的竞争。教育兴国、教育立国、教育强国，既是国家意志，也是人民期待。

2.1.2　教育是民生之基

教育是国计，也是民生。教育涉及千家万户，惠及子孙后代，是每个人每个家庭能够出彩的机会所在。教育是关系经济社会长远发展的百年大计，是体现发展为了人民、发展依靠人民、发展成果由人民共享的重要方面。

教育涉及千家万户。每个人获得发展并争取人生出彩的基本前提，无疑是接受教育。实现人的自由而全面的发展，首要前提是保障人人有受教育的公平机会。正基于此，教育公平是社会公平的重要基础，是最基本最重要的公平，是实现社会公平“最伟大的工具”。因此，办好教育就是为千家万户谋利益。

教育惠及子孙后代。缩小不同群体发展差距，消除家庭贫困的代际传递，唯有通过教育获取知识，进而改变命运。所谓贫穷的代际传递，往往是因为贫穷而无力受教育或不愿受教育，或因不读书而缺乏文化技能进而无力摆脱贫穷，构成了一个“死循环”。屠格涅夫说“知识比任何东西更能给人自由”，培根说“知识就是力量”。知识其实改变的是人生向上的机会，而不是立竿见影的知识货币化的能力。当今时代一个心智健全的人拥有知识和才华，才有可能把握住命运的咽喉。

教育公平是一个历史范畴，在不同国家和不同历史时期有着不同含义。它既是对社会现实的一种反映，也是对社会现实的一种超越，是社会现实与教育理想的统一。教育公平一般包含三个层次：一是起点公平，即确保人人都享有平等的受教育的权利和义务；二是过程公平，即提供相对平等的受教育的机会和条件；三是结果公平，即教育成功机会和教育效果的相对均等，每个学生接受同等水平的教育后能达到一个最基本的标准，包括学生的学业成绩上的实质性公平及教育质量公平、目标层面上的平等。其中，起点公平是前提和基础，过程公平是进一步要求，也是实现结果公平的前提。

由于市场化进程的深入、改革开放和城镇化进程的加快以及流动人口的增加等因素，我国的教育公平问题正日益凸显出来。前些年人们议论最多的是“上学贵、上学难”的话题，而最近人们较多谈论的则是“教育公平”问题，其主要表现为国家教育资源配置上的失衡：一是城乡公平缺失。全社会的教育投资未按城乡人口分布进行。一些农村山区的九年制义务教育得不到保障，适龄孩子没能力和机会入学；偏远地区的基础设施和师资得不到保证。反观城市学生却享受着不断升级换代的教育设施和优质师资。二是地区公平缺失。北京、上海等大城市的高校数目、质量远大于一般省、市、自治区，且获得可观经费支持。作为回报，在招生政策上表现为向本地区倾斜，划出很大部分的名额给当地，“高校本土化”严重影响了高校资源较少省市的学生的升学率。三是阶层公平缺失。高收入阶层的子女通过加大教育成本投入，往往较易享受优质教育资源，从而步入理想的职业发展路径。

2.1.3 办人民满意教育

教育作为成就未来的基础工程，寄托着亿万家庭对美好生活的期盼，办好教育往往能够从根本上改变一个家庭的面貌，能够影响一代人甚至几代人的命运。创让人民满意的学校，办让人民满意的教育，使老百姓得到最大实惠，意义深远，这是学校教育为人民服务的宗旨所在。

《国家中长期教育改革和发展规划纲要(2010—2020年)》提出，办好人民满意的教育，把教育摆在优先发展的战略地位。教育优先发展是党和国家提出并长期坚持的一项重大方针，要在经济社会发展规划中优先安排教育发展，财政资金优先保障教育投入，公共资源优先满足教育和人力资源开发需要。①

教育优先发展要求政府应确立“第一责任人”意识。教育作为公共产品，受益者虽然主要是个人，但直接关系到民族的素质和国家的命运，关系到和谐社会的建设，是具有战略意义的公共事业。义务教育是纯公共产品，非义务教育(特别是高等教育)是半公共产品或准公共产品，这都是应该完全由(如前者)或多半由(如后者)政府所提供的。因此，加大财政对教育的投入，规范教育收费，健全公共财政投入和保障机制，为全体国民提供接受良好教育的机会和条件，政府负有义不容辞的重要责任。同时，各级地方政府也应严格按照《教

---

① 《国家中长期教育改革和发展规划纲要(2010—2020年)》，人民出版社2010年版，第1~2页。

育法》第55条的规定要求，使教育投入做到“三个增长”，即各级人民政府教育财政拨款的增长应当高于财政经常性收入的增长，在校学生人均教育经费逐步增长，教师工资和学生人均公用经费逐步增长。人大要加强对同级政府落实教育经费“三个增长”的法律监督，以确保教育公平的实现。

教育公平的主要责任在政府。教育公平的基本要求是保障公民依法享有受教育的权利，关键是机会公平，重点是促进义务教育均衡发展和扶持困难群体，根本措施是坚持教育的公益性和普惠性，建成覆盖城乡的基本公共教育服务体系，实现基本公共教育服务均等化，缩小区域差距。同时，合理配置教育资源，向农村地区、边远贫困地区和民族地区倾斜，加快缩小教育差距。扶持贫困地区、民族地区教育，健全学生资助制度，保障经济困难家庭、进城务工人员子女平等接受义务教育。

办人民满意教育，就要及时回应广大人民群众的关切和期盼，正视并着力解决教育资源配置失衡导致国民待遇两极分化的问题。学生由于受教育机会“起点不公平”而逐渐两极分化。既得利益阶层要努力扩展、保持、享有已经取得的教育优势资源和受教育特权，富裕阶层通过支付高额学费而分享优势教育资源，这些阶层的子女因享有优势教育资源而获得更多生存发展机遇，获得更高社会地位；而大多数工薪阶层、农民，特别是城乡贫困户等“寒门子弟”因无法享有公平的教育资源，难以得到良好的基础教育，在学习阶段被渐次淘汰出局。以清华大学为例，1981年入学的有75%是农村户籍，到2010年农家子女只占5%了。目前阻碍农民工随迁子女就地参加高考的主要障碍是教育部规定中的户籍限制。户籍规定意味着一个在北京上学的高中生高考时必须回到原籍参考，而北京和其户籍地的考试范围、使用教材可能不一样，这将直接影响其上大学的机会。低收入阶层子女大学毕业后求职的困难和生存的压力，冲淡了家庭教育、基础教育培养的社会信任感、归属感、责任感。因此，教育资源配置的“双轨制”、“多渠道”导致教育资源配置失衡，从而导致社会各阶层之间、各个地区的公民之间、教育与受教育者之间无法达成对于教育的共识，这是教育目前招惹众怨的主因。

办人民满意的教育，须把提高质量作为教育改革发展的核心任务，坚持以人为本、把推进素质教育作为教育改革发展的战略主题。须坚持德育为先，把社会主义核心价值体系融入国民教育全过程，培养学生团结互助、诚实守信、遵纪守法、艰苦奋斗的良好品质，树立民主法治、自由平等、公平正义理念。优化知识结构，丰富社会实践，强化能力培养。接受良好教育成为人民群众强烈期盼，深化教育改革成为全社会共同心声。要着眼于构建现代国民教育体系，提高学生综合素质，大力实施素质教育。关键是更新教育观念，改进人才培养模式，深化教学内容方式、考试招生制度、质量评价制度等的改革，减轻中小学生课业负担，全面提高教育质量和水平。特别要推进教育教学与生产劳动和社会实践的紧密结合，使学生得到主动的、生动活泼的发展，注重培养学生的独立思考能力、创造能力和就业能力、创业能力。办人民满意的教育，还须全面提高教师队伍特别是农村教师素质，让重教助学、重文育才蔚然成风。

总之，办人民满意的教育，旨在让教育资源和教育成果惠及千家万户。要推进教育改革创新，加快解决经济社会发展对高质量多样化人才需要与教育培养能力不足的矛盾，加快解决人民群众期盼优质教育与资源相对短缺的矛盾，加快解决增强教育活力与体制机制约束的矛盾，为教育事业持续健康发展提供强大动力。

2.2 病有所医

健康是人全面发展的基础，没有全民的健康就没有全面的小康。所以，医疗卫生事业是重大民生工程。新形势下的城乡居民健康需求不断提升，并呈现多层次、多元化特点，同时疾病谱变化、医药技术创新、重大传染病防控以及意外伤害、食品安全等各类危险因素交织叠加。这些都加剧了卫生资源供给约束与卫生需求日益增长之间的矛盾。只有加快改革，健全基本医疗卫生制度，才能逐步解决我们面临的问题和挑战。

2.2.1 就医是民生之急

党和国家历来高度重视人民健康问题以及医疗保障制度

的建立和发展。新中国成立初期我国建立了公费医疗和劳保医疗制度，20世纪60年代在农村建立了农村合作医疗制度，这些制度的建立和完善在保障职工和农民健康方面发挥了重要作用。20世纪90年代，我国启动医疗保障制度改革，积极稳妥推进各项医保制度建设，取得了明显进展。近年来在推进基本医疗保险制度改革的同时，积极探索建立城乡医疗救助制度，完善补充医疗保险制度，推动商业保险发展。经过几十年不断探索，覆盖城乡的疾病预防控制和应急医疗救治体系基本建成，基本医疗保障制度建设持续推进，城乡基层医疗卫生服务体系建设步伐明显加快。2003年“非典”之后，中国探索了符合国情的传染病管理模式，建立了国家卫生信息网络直报与管理系统。

在卫生资源建设方面，医疗机构、医护人员、床位数等都有显著增长，机构服务能力有所增强，每千人卫生人员数、执业医师数和每千人卫生机构数均呈现明显上升趋势。但与英、美、法、德、日等发达国家相比，我国卫生人力相对不足，医院床位也不够，卫生资源仍处于较低水平。我国每万人口医师为14人，明显低于发达国家水平。每万人口医院床位为33张，总体低于发达国家水平。从医院的主办单位来看，政府办医院处于主体地位，占医院总数的47.6%。所以，我国卫生资源建设的任务依然艰巨。

新时期以来，我国医药卫生事业取得显著成就。从近十年数据可以看出，随着政府日益明确责任，加大对卫生事业的投入，政府卫生支出和社会医保卫生支出在卫生总费用中所占比例均呈现递增态势，个人现金支出所占比例有所下降，2010年我国人均预期寿命已达74.83岁，远高于发展中国家的平均水平（63岁）。孕产妇死亡率、婴幼儿死亡率等多项居民健康指标也居于发展中国家前列。

但这些成绩的取得还是阶段性的，与人民群众的期盼相比尚有一定差距。医疗资源总量不足的矛盾明显存在，以药补医的局面尚未得到根本扭转，群众反映的“看病难”、“看病贵”的问题依然比较突出，医改所触及的深层次矛盾和问题越来越多，实现医改的长远目标任重道远。

2.2.2 聚焦医患纠纷

从"医生戴钢盔"到"医院医生集体下跪"、"女医生不堪医疗纠纷服毒自杀"，从"缝肛门"、"八毛门"再到同仁血案、哈医大杀医案，近年来各地医患纠纷不断，因医患纠纷引发的群体性事件日益增多，呈现出对抗性强、调处困难、社会影响恶劣等特点。

各地上演的这些此起彼伏的医患纠纷映射出我国医疗体制改革相对滞后，医疗服务模式与医疗需求之间的严重不协调。卫生部部长陈竺在2010年全国卫生工作会议上承认：中国卫生事业长期滞后于经济社会发展，是社会发展领域中的"短腿"，不能适应人民日益增长的健康需要；医疗质量和安全问题比较突出，服务方式和态度距离群众要求有较大差距，医患关系存在局部不和谐的严重问题。2008年开展的第4次国家卫生服务调查显示，超过41%的居民对医疗机构门诊服务不满意，44.2%的居民对住院服务不满意。

医患纠纷有增无减的背后，是医患双方互信度的降低。医闹也正是这种信任扭曲的结果。原本疾病是患者、医生共同面对的敌人，双方之间在相互理解、信任中建立起和谐的医患关系，才能打"胜仗"。然而，现实生活中，医生告知不到位，医院收费不够透明，患者期望值过高。多数患者家属为了家人生命安全，或多或少会给医生一些实惠，红包现象使医生被"妖魔化"；不少病人还遇过这样的"冤事"，挂了主治医生的号，手术却是实习医生在"越俎代庖"。凡此种种，导致患者对医生的不信任现象普遍存在。在当前的医疗环境下，即便医生真心实意为患者着想，力图依据其病情制订最合理的诊疗方案，仍有可能招致患者的不理解甚至怀疑。只要病没好，就是医术不高。出了事，医院肯定护着医生，难求得公正。医患纠纷仲裁机构等，肯定护着医院，不是说理的地方。信任出现如此危机，必然滋生医闹的层出不穷。一些地方政府处理医闹，不是以公正为主导，而以维稳为目的，如此处理方式在客观上反而为医闹培育了土壤。不闹不解决，小闹小解决，大闹大解决。医闹求得的公正与真相，是以更加恶化医患关系、吞噬医患信任、牺牲医疗正常秩序和事业发展为代价的。一次医闹的猖獗，足以伤了一批医者的仁心。

在此情势下，中国医师执业状况调研报告显示：仅有7.44%的医师认为当前医师执业环境“良好”，而认为“极为恶劣”者增幅明显；有44.82%的医师想放弃医师职业；91.9%的医师认为自己的付出与报酬不相符，超过一半的医师认为医师的收入少于教师，被调查者普遍感到执业时人身安全和人格尊严得不到保障。肩负救死扶伤职责的医生们，在解决病人痛苦的背后，也有着常人的心酸和无奈。

社会各界对“看病难、看病贵”众说纷纭，见仁见智。难抑或不难、贵抑或不贵，争论背后反映出中国新一轮医改绝不只是加大投入的问题，更要正视健康公平问题。

我国卫生发展不平衡现象，主要体现在医疗卫生资源配置的地区差异上。资源配置差异直接影响到居民医疗卫生服务的利用度(公平性、可及性)，地区间健康和资源配置差异较为显著，期望寿命、婴儿死亡率、孕产妇死亡率的地区和人群差异依然存在。在2000年世界卫生组织对191个成员国的卫生总体绩效评估排序中，中国位列第144位；在对成员国卫生筹资与分配公平性的评估中，中国居倒数第4位。

据报道，被戏称为“全国看病中心”的北京集中了较多优质医疗卫生资源，大量外地人口进京看病就医。北京年诊疗近2.2亿人次，日均70万外地患者看病。每年仅河北就有700万人次、甚至感冒发烧也赶赴北京就医，而距京30公里的燕郊三甲医院病床闲置率高达70%。蜂拥而至的患者使北京三级医院不堪重负，加剧了城市人口和交通负担，北京儿童医院附近成了交通拥堵的“重灾区”。①

农村家庭联产承包责任制的实行，人民公社的解体，集体经济的式微，瓦解了农村合作医疗制度的经济基础，以集体经济为基础的农村合作医疗制度失去了资金筹集的基础，面临着“网破、线断、人散”的局面，乡村两级基层卫生组织失去了集体经济的依托，各级政府又未能适时增加投入，迫使陷入困境的农村基层卫生组织走向市场化、商业化，一些

---

① 《瞭望》新闻周刊，2014年5月20日。

村卫生室变成了靠看病卖药赚钱的私人诊所。农村公共卫生、预防保健工作削弱，一些曾被控制和消灭的传染病、地方病，如肝炎、肺结核、血吸虫病等死灰复燃。

医患纠纷与群众“看病难”、“看病贵”存在着一定联系，治本之策在于实现人人享有基本卫生保健服务的目标，坚持公共医疗卫生的公益性质，深化医疗卫生体制改革，强化政府责任和投入，严格监督管理，建设覆盖城乡居民的基本卫生保健制度，为群众提供安全、有效、方便、价廉的公共卫生和基本医疗服务。

2.2.3 “新医改”的使命

回归医疗的公共产品、公共福利的属性，真正实现“为群众提供安全、有效、方便、价廉的医疗卫生服务”，可谓知易行难。

究竟谁才是药价虚高的真正推手？是发改委、物价局或医院，还是已经广受诟病的流通领域？据报道，出厂价仅15.5元每盒的“芦笋片”，湖南省物价局定出零售价213元每盒，药商给医生的回扣达到25%~50%，成为药价虚高的主要环节。目前大部分的医院仍然局限于“以药养医”、“靠药赚钱”，这必将扭曲医生处方行为。

当前，医改进入新阶段，须在建立全民基本医保制度、基本药物制度、基层医疗卫生机构运行新机制等的基础上，从形成框架向制度建设、从试点探索向全面推进转变。这需要进一步解放思想，推进理念创新、制度创新、管理创新和发展模式创新，逐步建立符合国情、惠及全民的基本医疗卫生制度。为此，新医改肩负的时代使命主要体现在以下方面：

一要健全中国特色基本医疗卫生制度的基础——全民医保体系。要逐步提高居民医保和新农合政府补助标准，提升基本医保支付能力和重特大疾病保障水平。加大医保支付方式改革力度，提升基本医保管理和服务水平，加快健全重特大疾病医疗保险和救助制度，积极发展商业健康保险。

二要深化基层医疗卫生机构综合改革。要巩固完善国家基本药物制度，健全基层医疗卫生机构稳定长效的补偿机制，继续加强基层医疗卫生服务网络建设，深入实施基层中医药服务能力提升工程。同时，转变卫生服务模式，逐步建立分级诊疗、双向转诊制度。稳步提高基本公共卫生服务均等化水平，继续提升人均基本公共卫生服务经费标准。加强区域公共卫生服务资源整合。进一步落实乡村医生补偿、养老等政策，加强乡村医生的培养培训。

三要加快推进我国医疗服务体系的主体——公立医院的改革。要切实履行好政府办医职责，合理确定公立医院的功能、数量、规模、结构和布局，坚持公立医疗机构面向城乡居民提供基本医疗服务的主导地位，切实发挥好县域内龙头医院作用。同时，以破除以药补医机制为关键环节，统筹推进管理体制和价格、药品供应改革，理顺医药价格，建立科学的补偿机制。此外，推进建立公立医院内部治理结构，深化人事分配等机制综合改革，建立适应行业特点的人事薪酬制度，加强绩效考核，建立科学的医疗绩效评价机制，建立和完善现代医院管理制度。

此外，要积极推进健康服务业发展。鼓励社会办医，要加快发展养老护理、中医药医疗保健、健康保险等服务；建立健全人口健康信息管理制度，充分利用信息化手段，提高人口健康管理水平。加强区域医疗卫生信息平台建设，推动医疗卫生信息资源共享、互联互通，发展远程医疗；推进人才培养使用制度改革，深化医学教育改革，加强全科医生队伍建设，加大护理员、药师、儿科医师等急需紧缺专门人才的培养，加快推进医疗领域收入分配制度改革。

进入21世纪以来，我国人口形势发生了重大变化。人口众多仍然是我国的基本国情，人口结构性问题正在成为影响经济社会发展的重要因素。当前，我国人口抚养比较低、劳动力资源比较充足，在这个时期调整完善生育政策，启动实施一方是独生子女的夫妇可以生育两个孩子的政策（简称“单独两孩政策”），有利于保持合理的劳动力规模，延缓人口老龄化速度；有利于改善人口性别比结构和家庭结构，促进我国由人口大国向人力资源强国转变；有利于进一步缩小国家政策与群众意愿的差距，促进家庭幸福、代际和谐和社会稳定；有利于稳定低生育水平，促进人口与经济、社会、资源、环境的协调和可持续发展。

由近百名院士、专家历经两年多时间进行的“健康中国2020”战略研究，对卫生改革与发展进行了颇具建设性和前瞻性的重大思考，提出要重点处理好公共卫生服务体系、医疗服务体系、医疗保障体系、药品供应保障体系等“四梁”之间的关系。医改首先是改进政府工作，强化政府责任，发挥政府配置资源的基础性作用。我们在这里讲的是公益性的社会事业发展，政府作用具体表现在：一是增加投入，二是建立政府主导的卫生服务体系，三是建立社会的基本医疗保障体系，四是建立国家基本药物制度，五是提供公共卫生资金。政府发挥上述作用的主要手段是通过立法、监管、信息提供和制订规划。

党的十八届三中全会提出深化医药卫生体制改革，是朝着实现2020年建立基本医疗卫生制度目标迈进的关键一招。改革的深化针对的是体制性、机制性、结构性问题。深化医改的灵魂是以公益性为主线，把基本医疗卫生制度作为公共产品向全民提供，实现人人享有基本医疗卫生服务。深化医改的大思路是以制度创新解决长期性的体制性、机制性、结构性难题，具有全面性、综合性、政府主导性和创新性的特点。

2.3 住有所居

2.3.1 住房乃民生之要

2011年春晚的五个小品节目中，有两个节目拿房子说事儿：一个讲为争房子而假离婚；一个讲买不起房者借房来结婚。春晚小品集中“说房”，折射出高房价背景下民众对住房问题的关注。

住房作为人类最基本的需求，自古作为恒产，孟子曰：有恒产者有恒心。中国百姓希望拥有住房的观念根深蒂固，住有所居是每个家庭的期盼。在一地定居后，几乎所有人都会想到购置房产。不能安居，何谈乐业？

应该承认，改革开放30多年来，城镇住房制度改革取得显著成效，城市居民的住房条件大为改善。1978年上海人均住房面积仅为 4.5 平方米，“鸽子笼”、“亭子间”、“筒子楼”里几代同堂的现象相当普遍，时至 2012 年，上海统计局、国家统计局上海调查总队联合发布的数据表明，上海市城镇居民人均住房建筑面积 33.9 平方米，折合人均住房居住面积 17.3 平方米。居民住宅成套率达到 96.3%。

但近年来一些大中城市的房价上涨过快，超出了工薪阶层的承受能力，房价过高的问题十分突出。受国际金融危机影响，2008 年下半年房价曾一度有所回落，但四万亿元的刺激政策出台后，房价迅速回升并大幅上涨。数据显示，2009 年全国住宅平均价格涨幅达 25.1%。一二线城市更为明显。央行公布的一份针对全国储户的调查显示，超过 70%的居民认为房价“过高，难以接受”。

“住有所居”是黎民百姓的梦想，住房难仍是最突出的民生问题之一。判断中国房价的高低一般有三个参考指标，一是房价—收入比，反映的是居民家庭对住房的支付能力和负担程度，一般认为比值应在 3~6，而北上广深等一线城市的比值均超过 10；二是房价—租金比，指每平方米月租金与每平方米房价的比值，低于 1∶300 往往意味着房地产泡沫已经显现。目前我国一线城市的房价—租金比值在 1∶500 左右；三是中国房价与国外一些城市房价的比较。纽约房价最高的曼哈顿区的均价约合每平方米人民币 2.75 万元，柏林的普通住宅每平方米均价约合人民币 1.7 万元，我国一些大城市的房价已接近甚至超过这两地，而国内收入水平却与这两地相差数倍。从这三个参数的分析不难看出，中国部分城市尤其是大城市的房价明显偏高。

不合理的住房消费结构也加重了住房难现象。住房消费包括购买住房和租赁住房。在中低收入人群中，发达国家租赁住房的比例较高，且居民购房年龄平均在 40 岁左右，超过一半的美国人选择在工作 10 年、结婚 5 年以后才买房子，德国年轻人 77%左右为租房族，新加坡 80%的人口居住在政府负责建设的“组屋”内。而在我国一些城市，没有形成从租到买、从小到大的梯度消费结构，购房人平均年龄只有 27 岁。这意味着他们尚处于职场基层，自身薪酬、投资渠道少。此时购房居住，除了“啃老”就只有“累己”。所以，倡导科学合理的住房消费观念和健康的住房消费预期也很重要。

“住有所居”是构建社会主义和谐社会的重要目标，是让人民群众共享改革发展成果的重要体现。遏制房价过快上涨，更好满足人民群众住房需求，是保障和改善民生的重大任务，也是促进经济健康发展和社会和谐稳定的重大课题。

2.3.2 房价合理回归

房价过高、上涨过快现象成为影响经济社会发展全局的突出问题之一。党和政府高度重视，正以真诚而坚决的态度，出组合拳抑制房价过快上涨，促使房价合理回归。治理房价的逻辑前提，是探明大城市房价虚高的成因，尔后再辨证论治。

首先，价格是由需求与供给之间的关系决定的，但存在着住房消费需求拉动与投机需求拉动两种情形。一方面，城市人口的自然增长、大学毕业生、外来务工人员是形成城市人口增加的主要因素。中国城镇化进程中每年新增城镇人口约2000万，人口城市化的快速发展增加了对住宅的刚性需求，旧城改造拆迁也助推了住宅需求。另一方面，全国存款余额高达到25万亿元左右，但投资渠道不畅，房地产成为一个貌似可行的投资渠道。中产阶层以保值、增值、保存财富为出发点，在银行存足备用金之后，便将手中闲钱用于购置房产。目前中产阶层家庭拥有2~3套或更多套的房子不在少数。几年前名闻遐迩的温州炒楼大军，手握上千亿元资金转战上海、南京、杭州、武汉、长沙等大城市，联手杀价，批量购入房产，炒高楼价后出手获利。中国港台及海外投机者也纷至沓来，在内地房地产市场上大举进出，炒买炒卖，对内地大中城市房价上涨起到了推波助澜的作用。

其次，土地成本和税费成本推动了房价上涨。各地政府在热衷城市经营的过程中，为拓宽本地市政公用事业发展与经济发展的资金瓶颈，凭借其对土地的完全垄断和绝对支配权，不遗余力地抬高地价，地价因此一路飙升，城市地价标王频出，致使地价成本占到房价的1/3左右，在上海等地这一比例更是接近1/2。与此同时，各种税费在房价中的比重越来越大，目前房地产开发商要交的税费加起来要占到房价的1/3左右。此外，水泥、钢铁、电解铝等建材涨价也推动了房价上涨。

2011年1月26日，国务院办公厅发出《关于进一步做好房地产市场调控工作有关问题的通知》，被称为“新国八条”。主要举措有：落实地方政府责任，切实将房价控制在合理水平，合理确定本地房价控制目标；加大保障性安居工程建设力度，逐步扩大保障覆盖面，增加公租房供应；调整完善相关税收政策，个人购房不足5年转手，按销售收入全额征收营业税；强化差别化信贷政策，购买第二套住房首付款比例不低于60%；增加土地有效供应；合理引导住房需求，从严制定和执行限购措施；落实住房保障和稳定房价工作的约谈问责机制；坚持和强化舆论引导，引导居民从国情出发理性消费。

仅在2011年一年里，中央政府就出台了密集的调控政策确实罕见，且力度不断加大、频频加码：二套房首付比例从40%提高到50%，再到60%；从提出可视情况采取住房限购措施，到明确部分城市必须限购，再到严格限购数量；从大幅提高三套房贷款门槛，到暂停发放三套房贷款，可谓“没有最严，只有更严”。各地也根据中央精神，出台具体调控措施，遏制房价过快上涨。如此强力的调控，成效到底如何呢？应该说，调控取得了一定成效，由于信贷“口袋”不断收紧、许多城市采取住房限购措施等原因，投机投资性购房空间被压缩，部分炒房资金撤离房地产市场，限购城市外地居民购房比重下降明显，自住性购房比例增大，房价快速上涨势头得到初步遏制，但调控任务仍然艰巨。

2012年3月14日，十一届全国人大五次会议闭幕会后，温家宝在回答中外记者提问时说，“什么叫房价合理回归？我以为合理的房价，应该是使房价与居民的收入相适应，房价与投入和合理的利润相匹配。现在我可以明确地告诉大家，房价还远远没有回到合理价位。因此，调控不能放松。如果放松，将前功尽弃，而且会造成房地产市场的混乱，不利于房地产长期健康和稳定发展”。

2.3.3 何以圆安居梦

"宅者，人之本也。人因宅而立"，住房是人的生存之所，发展之基。房地产市场是城镇住房供应的主渠道，加强市场调控，努力实现市场供求总量基本平衡、结构和价格基本合理，是圆城镇居民住房梦的迫切需要。

现阶段城镇化快速发展带来的新增需求，城镇居民的改善性需求依然存在，投机投资性需求还在伺机而动，加之房地产市场制度不完善，稳控房价还面临较大压力，"新国八条"的调控效果有待巩固和加强。要巩固和扩大前一时期调控的成果，努力实现市场供求总量基本平衡、结构和价格基本合理的目标。

中央解决住房问题的态度坚决，要求明确，但具体落实还在地方政府。地方政府作为房地产调控政策的执行者，作为保障性住房建设的组织者，肩负着重要职责。中央的政策措施能否"落地"、"开花"，关键在于已从土地财政中尝到甜头的地方政府的诚意、决心和力度。过度依赖房地产发展拉动经济增长的地方政府，对调控不想动真格，对保障房不愿真投入，所以，能否不折不扣地按照中央要求稳控房价、加大住房保障，是地方政府取信于民的试金石。

地方政府要认识到高房价不仅加重了本地百姓的住房负担，影响本地民生的改善，不利于地方经济结构调整和经济持续健康发展，还会影响本地社会和谐稳定。所以，地方政府不能纸上谈兵，要明确本地保障房建设的规模和进度，从本地实际出发，将廉租房制度、经济适用房制度、公共租赁住房制度、公积金制度以及棚户区改造几项制度结合起来，保质保量地完成保障性安居工程这一"十二五"时期保障和改善民生的标志性工程，并把进度公之于众，接受社会监督。

做好房价调控工作，要严格执行"新国八条"的规定，从严把握和执行房价控制目标，从严执行信贷、税收、住房限购政策，尽早使房价回归合理水平，兑现对社会的承诺。要继续坚决抑制投机投资性需求，防止变相放松购房政策，防止不实信息炒作误导。要打击捂盘惜售等违法行为，要把抑制房地产投机投资性需求作为一项长期政策。要加强市场监管，要严肃查处涉及违规骗取购房资格的开发企业、中介机构和个人。

房产税是政府稳定房地产市场的重要经济手段之一。试点开征房产税，增加住房保有环节的成本，从理论上讲可以有效遏制投机。同时又可以让大量空置房进入二手房市场和租赁市场，缓解总体供需矛盾。但切忌一刀切，房产税要紧盯住第三、四套住房，抑制不合理需求，而不是使仅拥有一套商品房的中低收入家庭增加负担。此外，要完善财权与事权相匹配的财税体制，阻断地方政府“以地生财”的动力。

新加坡政府成功解决居民住房问题的经验，向我们揭示了政府在房地产市场方面的重要作用。其“组屋政策”就是国家免费提供居民住房土地，统一规划、建设居民住房，规定对每位有工作的居民收取工资收入的34.6%作为个人中央公积金，用于住房、医疗和养老。其中个人缴交20%，企业缴交14.6%；其中的20%用于租赁、购买住房。组屋房价以公积金中的住房部分能“买得起”为标准，由政府定价，目标是一个人参加工作5年后，结婚时能首次使用中央公积金购买政府组屋。最终90%的人能买3房式，80%的人能买4房式。经过40多年的持续努力，目前新加坡已有80%的人口居住在组屋，其中95%拥有自己的组屋。

“住保障房，圆安居梦，暖百姓心。”2010年以来，国家出台的部分住房政策文件，主要有《国务院关于坚决遏制部分城市房价过快上涨的通知》、《国务院办公厅关于促进房地产市场平稳健康发展的通知》、《关于中央投资支持国有工矿棚户区改造有关问题的通知》、《关于做好城市和国有工矿棚户区改造规划编制工作的通知》、《关于城市和国有工矿棚户区改造项目有关税收优惠政策的通知》、《关于加强经济适用住房管理有关问题的通知》、《关于加强廉租住房管理有关问题的通知》、《关于加快发展公共租赁住房的指导意见》，等等，足见中央政府的良苦用心。20世纪90年代初日本房地产泡沫破裂，是世界历史上迄今最大也是最深的一次房地产危机，日本至今仍未完全恢复元气。前车之鉴值得重视，国家对房价进行调控，旨在使其回归合理，防止楼市积聚过多泡沫而诱发危机，促进房价稳定和房地产市场健康发展，让更多百姓尤其是城镇化进程中的新城市人买得起房。

社会保障制度作为现代国家的一项社会经济制度安排，是生产力发展到一定阶段的产物，是社会进步的一个重要标志。社会保障制度主要包括社会保险、社会救助、社会福利和慈善事业等内容，其中社会保险是核心部分。社会保障制度改革一直是近几年来改革的一个重点领域，也是普通百姓最关注的话题。党的十八届三中全会提出要建立更加公平可持续的社会保障制度，这关乎基本民生改善和社会公平正义，是实现基本公共服务均等化的重要体现。

第3章　社会保障

孟子说："老吾老，以及人之老；幼吾幼，以及人之幼。"《礼记·礼运》有云："使老有所终，壮有所用，幼有所长，鳏寡孤独废疾者皆有所养。"这些古语表达了古人对良好生活保障与社会和谐的期待。

社会保障制度经过百余年的发展，已成为现代国家一项不可或缺的社会经济制度。我们历史上出现的救灾备荒、扶贫济困、养老抚幼的制度和机构，也在一定程度上发挥了社会保障的功能。新中国成立后建立的与计划经济相配套的社会保障制度，受制于当时的社会历史条件，保障水平较低且效率不高。改革开放新时期以来，尤其是党的十四大确立社会主义市场经济体制的改革目标后，我们开始探索建立健全与市场经济相适应的社会保障体系，并相继建立起医疗保险、养老保险、失业保险和工伤保险等制度。从党的十六大到党的十八大，社会保障体系建设进入城乡统筹、全民覆盖、全面发展时期。

3.1　养老金的忧思

中国社会科学院财政与贸易经济研究所在2010年9月发布的《中国财政政策报告2010/2011》中指出，2011年以后的30年里，中国人口老龄化将呈现加速发展态势，到2030

年，中国65岁以上人口占比将超过日本，成为全球人口老龄化程度最高的国家。民政部部长李立国曾表示，2050年前后，中国60岁以上老龄人口将达到4.8亿左右，超过总人口的1/3，社会进入深度老龄化阶段。

3.1.1 养老金“双轨制”

应对老龄化危机，仅靠制定规则和设立养老金账户是不够的，显然，建构功能完善、规范高效且公平合理的养老金系统，已成为紧迫而棘手的任务。目前实施的养老金办法未能缓解日益严峻的老龄化问题，反倒暴露了国家养老金津贴制度的弊病。

养老金，也称退休金、退休费，是一项最主要的养老保险待遇。国家有关文件规定，在劳动者年老或丧失劳动能力后，根据他们对社会所作的贡献和所具备的享受养老保险资格或退休条件，按月或一次性以货币形式支付养老金，主要用于保障职工退休后的基本生活需要。养老金本着国家、集体、个人共同积累的原则运作。当人们年富力强时，所创造财富的一部分被投资于养老金计划，如美国的401(K)、加拿大的RRSP等，以保证老有所养。

目前我国养老金主要分为两类：机关事业单位人员退休养老金和企业人员退休养老金。前者由财政统一筹资和支付，且额度标准约比后者高3~5倍，歧视性等不公平性显而易见，山西、上海、浙江、广东、重庆5个试点省市的成效不大，成为近年“两会”期间代表委员热议的话题，人们越来越关注养老保障的公平性、流动性和可持续性，社会要求改革“双轨制”养老金的呼声日高。

清华大学公共管理学院就业与社会保障研究中心主任杨燕绥认为，当前我国养老金制度最大的问题就是碎片化。城市人和农村人，事业单位和企业职工，养老金制度都是不同的，而且差距悬殊，缺少一个统一的制度。

应该看到，近年来国家连续多次调整企业退休人员基本养老金水平，体现出特殊形势下党和政府对民生和弱势群体的关切，在稳定人心、拉动内需、增强信心等方面发挥了一定作用。2014年5月15日国务院发布的《事业单位人事管理条例》指出，事业单位及其工作人员依法参加社会保险，工作人员依法享受社会保险待遇。这表明公众呼吁已久的养老金双轨制改革已向前迈了一步。

3.1.2 延迟退休引热议

2010年我国人口的平均预期寿命已到74.83岁，由于退休年龄低，影响到养老金制度长期的财务可持续性和支付能力。那么，综合考虑中国人口结构变化情况、就业情况而延迟退休年龄，便成为一个社会热点问题。

在《中国的人力资源状况》白皮书的发布会上，人力资源和社会保障部副部长王晓初表示，到2035年，我国将会面临两名纳税人供养一名养老金领取者的情况。按照目前的养老保险制度和人口发展趋势，城镇职工养老保险维持收支平衡所需要的财政补贴将不断增加，今后将使公共财政不堪重负。由于老年人口的医疗费用是中青年人口的三至五倍，医疗费用的支出也将大大增加，同时对于那些丧失自理能力的老人的护理成本也需大幅增加。

在这种情势下，人力资源和社会保障部社会保障研究所负责人称，相关部门正在酝酿条件成熟时延长退休年龄，有可能男职工从2015年开始，采取“小步渐进”方式，每3年延迟1年，逐步将退休年龄提高到65岁。另有专家测算，退休年龄每延迟1年，我国养老统筹基金可增长40亿元、减支160亿元，减缓基金缺口约200亿元。

“延迟退休”引起社会各方各界的高度关注，成为广大居民十分关心的话题。是否延迟退休尚无定论，有论者提出，倘若仅为弥补养老金空账而贸然推迟退休年龄，无疑是饮鸩止渴的做法。反对者较为一致的理由，是延迟退休不利于社会公平，有可能造成利益集团的不公分配，延迟退休尤其不利于普通劳动者，不利于低收入群体，会加剧年轻人的就业压力，占去年轻人就业机会的30%。

赞成者则认为，延迟退休年龄是基于人均预期寿命延长和养老负担代际公平的需要。随着人口平均预期寿命的延长，很多老年人其实还有为社会作贡献的愿望和能力，应当充分满足他们的愿望，而且中国人的退休年龄普遍低于其他国家，很多地方面临大量提前退休的情况，实际退休年龄平均53岁左右。而北欧国家男女同龄67岁退休，西欧大部分国家是男女同龄65岁退休，分别比中国多10年以上。

在缓解养老金支付压力方面，延迟一年退休意味着两年的功效，一方面延迟一年拿退休金，另一方面多了一年的缴费。日本经济长期低迷与其老龄化引发经济创新能力衰退有一定的关系。解决这一问题，需要保持较合理的劳动人口比例，同时，“未富先老”现象意味着劳动人口降低，要保持合理劳动人口比例，延迟退休年龄似成必要手段。

3.1.3　养老金何以保值增值

目前我国机关事业单位工作人员适用的是传统退休金制度，企业职工适用的是“社会统筹+个人账户”型职工基本养老保险制度，农村居民和城镇无业居民适用的是“基础养老金+个人账户”型养老保险制度，构成一个多元结构的基本养老保险体系。

政府负责推动和主导的只能是基本养老保险制度，它构成了整个养老保险体系的第一层次，负责为参保人提供基本的老年生活保障经济来源，从理论上应实现制度全覆盖。在这一层次之外，还应有职业年金或企业年金、商业性人寿保险、养老储蓄等层次。

作为规模最大的基本养老保险，按规定大部分躺在银行吃存款，所以收益率极低。有数据显示在过去的10年中，养老金年均收益率不足2%，这意味着我国的养老金一直在缩水，因为收益率的增幅显然跑不过通货膨胀率，实际上处于贬值状态，这是一个亟待摆脱的窘境。

社科院世界社保研究中心主任郑秉文认为，有两个方案或可将贬值风险等损失降到最低程度。一是让个人账户基金先行一步，将其全部委托给全国社保基金运营，将个人账户基金和统筹基金的投资“分而治之”；二是采取紧急的临时措施，将全国的统筹基金以发行特种社保国债的方式予以全部投资，实现基本跑赢CPI的保值目标。

养老金要实现保值增值，与其投资渠道密不可分。目前，我国养老保险体系不同组成部分有着不同的投资渠道。

各地由社会保险经办机构管理的职工基本养老保险基金，其中既有社会统筹基金中的结余，也有个人账户基金的积累，它们面临的是严格的投资限制，只能选择存银行或者购买国债。而近年来实施的农村居民与城镇无业居民养老保险，其个人缴费与集体补贴、政府补贴均记入个人账户，同样属于基金制，目前还没有相应的管理规程。此外，为应对今后人口老龄化高峰时期的社会保障需要，国家设立了全国社会保障基金，由全国社会保障基金管理运营机构负责管理运营。这部分是国家重要的战略储备，属于长期储备基金，保值增值是其主要职责。

目前全国社保基金可以进行银行存款、债券、信托投资、资产证券化产品、股票、证券投资基金、股权投资等多种形式的投资。上述三种是政府主导的基本养老保险基金，其投资运营均属于法定制度安排。除此以外，企业年金、职业年金等都是基金制，需要通过有效投资才能实现保值增值。我国目前年金的投资范围限于银行存款、国债和其他具有良好流动性的金融产品。

养老金集中管理有助于控制风险。实施社会养老保险基金投资政策的前提，是加快推进基本养老保险制度的全国统筹步伐，提高统筹层次，把所有劳动者纳入统一的社会保障制度内，打破公务员与企业职工在养老保险的待遇差异方面的“多轨制”，公开、透明运作。养老金管理要注意其长期性和安全性。行政管理带来的“安全”只是账面上的安全，真正的安全是要维持其购买力不降低。对养老金的监管关键在于信息透明、规则清晰，经营管理的激励机制和违规操作的风险成本相对应，在此前提下制定较为开放的投资管理办法，委托更专业的机构，把资产配置到优质的资源上。

为巨额养老金寻求一个合适的保值增值途径变得尤为紧迫。人社部尹蔚民部长表示，个人账户养老基金是“养命钱”，投资应遵循“稳健、审慎”原则。“入市”概念应该不是单一市场，而是在不同的市场、银行存款到权益投资之间的组合投资，并且还要遵循一个从“严格定量限制”到“审慎人”监管模式的演进过程。另有专家表示，必须正视过度依赖基本养老保险带来的风险，完善多层次养老保障体系迫在眉睫，要明确国家、企业和个人三方责任的合理分担。

3.2 社会公益的重塑

国人素有“一方有难，八方支援”的传统美德，社会公益事业指一定的组织或个人向社会捐赠财物、时间、精力和知识等活动，其实质是社会财富的再分配。公益活动内容广泛，主要包括社区服务、环境保护、知识传播、公共福利、社会援助、紧急救助、慈善事业等。

3.2.1 中国红十字会之痛

中国红十字会始建于1904年，其创始人是晚清著名外交家吕海寰。中国红十字会是国际红十字运动的成员，是从事人道主义工作的社会救助团体。中国红十字会以发扬人道、博爱、奉献精神，保护人的生命和健康，促进人类和平进步事业为宗旨，建会后在救助难民、救护伤兵和赈济灾民，减轻遭受战乱和自然灾害侵袭的民众痛苦以及参加国际人道主义救援活动等方面，作出了积极贡献。新中国成立初期，中国红十字会在协助政府履行《日内瓦公约》、处理战争遗留问题、开展民间外交、宣传卫生防病知识、保护人民生命与健康等方面做了大量卓有成效的工作。改革开放以来，中国红十字事业取得了长足的发展。1993年10月，中华人民共和国第八届全国人民代表大会常务委员会第四次会议通过了《中华人民共和国红十字会法》，使中国红十字事业有了法律保障。2009年中国红十字会召开第九次全国会员代表大会，通过了《中国红十字事业2009—2014年发展规则》。

继2008年红十字会“万元帐篷”、“天价餐费”事件之后，2011年6月，新浪微博上一个名叫“郭美美 Baby”的网友颇受关注。这个自称“住大别墅，开玛莎拉蒂”的20岁美女，其认证身份居然是“中国红十字会商业总经理”，由此而引发众多网友对中国红十字会的质疑和非议。众多网友猜疑“我们捐给红十字会的钱到哪去了？”一个小女子的微博竟会引致有着百年历史的慈善机构遭遇空前信任危机，值得深思。广大网民质疑和围观红十字会，也是对这家国内最大官办慈善机构“不透明”、“效率低下”等积弊的不满。

在漫天的质疑声中，中国红十字会及其副会长郭长江先后公开回应，称与郭美美无任何关系，但在网络人肉搜索的推动下，事情继续发展，并再度牵扯到中国红十字会、郭长江和一家名叫天略集团的企业，以致相关方面不得不继续澄清。中国红十字会总会2011年6月22日发表公开声明表示，在网络炫耀奢华生活方式，引发网友热议的“郭美美”与红十字会无关。2011年7月1日中国红十字总会就公众关注的中国商业系统红十字会运作方式问题发表声明：邀请审计机构对中国商业系统红十字会成立以来的财务收支进行审计，并商请中国商业联合会成立调查组，调查媒体所反映的中国商业系统红十字会运作方式问题，并将及时向社会公布审计和调查结果。在此之前，暂停中国商业系统红十字会的一切活动。

无独有偶，河南省宋庆龄基金会的公益项目“河南省宋庆龄基金会青少年儿童活动中心”严重缩水，并变身豪宅，善款由少数员工大量持股的公司管理，大量资金用于放贷，投资领域涉及证券、房地产开发、融资担保、保险代理、小额贷款、文化教育等行业，管理资本近30亿元，在全国两千多家慈善基金会里名列第一。此消息一出，旋即引起公众广泛关注和热议。该会如何利用公益善款“运作”的神秘面纱，至今仍未被揭开。

虽然性质同为慈善组织，但中国红十字会却与国际红十字会有较大区别。根据“红十字公约”的要求，1993年中国颁布了《中华人民共和国红十字会法》，规定中国红十字会“是从事人道主义工作的社会救助团体”，但也同时规定：“人民政府对红十字会给予支持和资助，保障红十字会依法履行职责，并对其活动进行监督；红十字会协助人民政府开展与其职责有关的活动。”这在很大程度上决定了中国红十字会是“官办的慈善组织”。1996年，中组部和人事部联合发出《关于印发中国红十字会总会机关参照管理的实施方案的通知》，把红十字会总会的工作人员招聘，纳入国家公务员序列统一组织。在中央机构编制委员会办公室的网站上，中国红十字会总会机关与中华全国总工会机关一起，被列为“中央编办管理机构编制的群众团体机关”。

《中华人民共和国红十字会法》规定，红十字会经费的主要来源有四种：一、红十字会会员缴纳的会费；二、接受国内外组织和个人捐赠的款物；三、动产和不动产的收入；四、人民政府的拨款。因此，中国红十字会在人员和经费来源上，均具有明显的政府色彩。中国红十字会的最高机构为全国会员代表大会，其下三个层级分别为理事会、常务理事会和执行委员会。在执行委员会下，又分为专门工作委员会、红十字总会和其他各级红十字会。这是一个极为庞大的组织。其下属的 7 万多个获得充分授权并独立管理捐赠财产的红十字会基层组织，监管如何落实，运作模式如何规范，尚未见可操作的办法出台。2011 年 6 月 27 日，审计署发布了中国红十字会总会 2010 年度预算执行情况和其他财政收支情况审计结果。审计结果表明中国红十字会总会的多笔资金存在问题。这一信息更令红十字会陷于被动。

郭美美事件后，有关网上调查表明，80%以上的网民表示不会再捐款给红十字会。慈善组织的公开透明，离公众的期望值还有距离。而民政部下属机构发布的《2010 年全国慈善组织信息披露现状报告》显示，全国有 42%的慈善组织没有专门的信息披露办法，37%的慈善组织没有专人负责信息披露工作，90%的公众不接受目前的披露程度和方式。

3.2.2 激发社会组织活力

作为政府主导的社会保障体系的一种必要补充，慈善事业是一种有益于社会与人群的社会公益事业。它以社会成员的慈善心为其道德基础，以社会成员自愿捐献的款物为其经济基础，是社会一定利益的调节器，在安老助孤，扶贫济困，疏理社会人际关系，缓解社会矛盾等方面提供正能量，是构建和谐社会的一只重要力量。

慈善在中国历史的长河中积淀、凝结成一种乐善好施的观念和行为，成为传统美德的一部分。近代的中国慈善受到受西方教会慈善活动的影响，在晚清光绪初年民间社会兴起的大规模义赈中出力甚多。新中国成立后，慈善事业被当做“旧社会统治阶级麻痹人民的装饰品”而屡遭批判。慈善事业销声匿迹长达近 30 年之久。1994 年中华慈善总会创立后，民间慈善机构纷纷建立，起步晚，发展比较落后，且是在政府扶持下兴办，采用的是官办或半官办的管理模式。

2004年政府颁布新的基金会管理条例，允许非公募形态包括私人和企业的基金会登记注册，我国的慈善事业开始有了第一次爆炸式增长。从2003年至今，在胡润慈善富豪榜上的100位慈善家共捐赠了95亿元人民币。我国目前的各类慈善机构虽已超过30万个，但资金状况并不乐观。2005年民政部门接收捐款29亿元，民间慈善机构募集30余亿元，仅占当年GDP的0.02%。其中，企业和组织捐赠占了绝大多数，社会公众捐赠不到20%，慈善还没有成为当下中国社会的一种习惯。

中国扶贫基金会发布的《2007中国公民捐赠行为及公益意识调查报告》指出，79.2%的受访者认为，被动性捐款(多指单位直接从自己的工资收入中扣除一部分用作捐款)影响了公民参与公益事业的热情。

近年演艺界明星举办的慈善基金也屡有负面报道，许多公益机构没有公开捐款使用情况，一些个人或机构把慈善当做商业活动的掩饰外衣，明星借助慈善活动提高出镜率，商家借助慈善炒作知名度。中国慈善事业里的人文关怀日趋稀薄，慈善渐与施舍挂钩，慈善这一汪清水被人为污染。

从理论上讲，政府的合理干预能让慈善活动更加规范合理，但尴尬之处在于现阶段我国公共治理方面极不完善，慈善活动与政府管理机制存在冲突。现在中国的慈善事业大部分是在官方组织的支持下成立的，名义上是民间组织，但其行动如果没有政府的支持就寸步难行。政府管理的弊端往往就是行政审批难，民间组织的慈善活动要申请汇报，等待文件审批。显然，社会组织的活力被抑制住了。

3.2.3 汇聚向善的动力

首先，厘清和理顺政府责任与民间慈善、慈善与商业组织之间的关系，是推动中国慈善事业科学发展的前提。要对中国慈善事业的主体予以清晰定位，是民间社会还是政府？慈善事业是依法由民间组织自行选择和具体实施，还是由政府主导、政府干预和直接管理？现在民间公益组织登记注册的制度设计，基本上把没有政府背景的民间公益组织都排除在外了。慈善资源的行政化垄断抑制了公众的慈善热情，窒息了民间慈善的活力，这是得不偿失的。

党的十八届三中全会通过的《中共中央关于全面深化改革若干重大问题的决定》提出，要激发社会组织活力，“正确处理政府和社会关系，加快实施政社分开，推进社会组织明确权责、依法自治、发挥作用。适合由社会组织提供的公共服务和解决的事项，交由社会组织承担。支持和发展志愿服务组织。限期实现行业协会商会与行政机关真正脱钩，重点培育和优先发展行业协会商会类、科技类、公益慈善类、城乡社区服务类社会组织”。① 要严格规范离退休国家公务员在社会组织担任负责人，现职国家公务员不得再兼任行业协会商会、基金会负责人。

其次，建立公开透明和公信力高的慈善组织，营造利于慈善事业健康发展的社会环境。青海玉树地震之后，东南亚华侨施乃康不顾身体和高龄，亲自驾车前往玉树，实地考察见证自己捐出去的钱是否真正变成了一所学校。公信力和透明度，是慈善基金等非政府组织（NGO）最为宝贵的软实力，当下中国的非营利性组织成为公众信任度较低的领域之一，慈善机构的官方色彩又让潜在的捐赠者产生不实在感，让公众感到慈善后面的不只是爱心，而更多可能是获取利益的“热心”。公众对目前国内相关组织对善款的使用是否科学合理非常关心。慈善是惠及普罗大众的行动，民间慈善应居于重要位置，对慈善基金的不信任感弥散开来，挫伤了公众参与公益事业的热情，使得纯粹的慈善活动也难以开展。

慈善资金管理的科学化和透明化尤显必要，要做到预算科学、执行公正、监督公开。民政部公布了《中国慈善事业发展指导纲要（2011—2015 年）》，强调在未来全面推行慈善信息公开透明制度，建立和完善以慈善业务年审为主要手段的监管制度，重点加强对公益慈善类组织的信息披露、财务报表和重大活动的监管。

---

① 《〈中共中央关于全面深化改革若干重大问题的决定〉辅导读本》，人民出版社 2013 年版，第 50 页。

此外，政府要创新社会组织培育扶持机制，支持和发展志愿服务组织，将符合条件的社会组织纳入政府产业扶持和社会事业发展扶持政策范围，充分尊重社会组织的法人主体地位，保障其合法权利，促进社会组织依法自治并独立承担法律责任。要完善法人治理、负责人管理、资金管理、信息披露、年度检查等制度，实行社会组织分类评估，制定社会组织合作活动等行为规范。要把承担社会发展与社会进步的社会精英培养和教育，提高到构建和谐社会的战略高度来认识、重视。唯其如此，才能激发包括慈善组织在内的社会组织的活力，真正汇聚起全社会向善的强大合力。

3.3 全覆盖的社保

社会保险制度是现代国家最重要的社会经济制度之一，被称为社会的“稳定器”、经济运行的“减震器”和实现社会公平的“调节器”。2010年出台的《中华人民共和国社会保险法》从法律层面上制定了我国公民人人能参保、人人享有社会保险待遇的目标。为实现这一目标，党的十八大提出要统筹推进城乡社会保障体系建设，全面建成覆盖城乡居民的社会保障体系。

3.3.1 社保是民生之安

大萧条背景下罗斯福“新政”期间通过的美国《社会保险法》，从政府治理的角度首倡了社会保障这一概念。由于各国国情和历史条件的差异，不同国家在不同历史时期，社会保障制度的具体内容不尽一致。但共性就是，维护社会公平进而促进社会稳定发展。

各国的社会保障为满足社会成员的多层次需要，会通过立法动员社会各方面资源，相应安排多层次的保障项目。同时根据经济和社会发展状况，逐步增进公共福利水平，提高国民生活质量，这是执政党和政府的重要职责。

社会保障由社会保险、社会救济、社会福利、优抚安置等组成，其中社会保险是社会保障的核心内容。社会保障制度的核心功能就是保障人民群众在年老、失业、患病、工伤、生育时的基本收入和基本医疗不受影响，无收入、低收入以及遭受各种意外灾害的人民群众有生活来源，满足他们的基本生存需求，解除其后顾之忧，为人民群众筑起一道“安全网”。

社会保障制度通过对社会成员基本生活需求的保障建立起了社会安全机制，可以减少因此而产生的社会震荡。社会保障基金的收支，对国民收入的分配与再分配进行调节，以克服社会的分配不均，缩小社会的贫富差距。同时，权利与义务相结合的社会保障，能促进人们自强自立意识的树立和互助互济人道主义精神的发扬，调整人们之间的相互关系，推动社会的文明与进步。

改革开放前的中国社会保障，实际上是国家保障，且层次较低。经过新时期以来的多年努力，我国城镇社会保障制度逐步建立，农村社会保障制度建设也在顺利推进，扶贫取得的成就为世界所瞩目。但总体而言还不完善，主要是城乡社会保障发展不平衡，一些基本保障制度覆盖面还比较窄，基本统筹层次低，保障水平不高，与全体人民的期待相比还有不小差距。

因此，“十二五”时期，要按照广覆盖、保基本、多层次、可持续的基本方针，加快推进覆盖城乡居民的社会保障体系建设，在扩大覆盖范围、提高保障水平、提高统筹层次和实现制度统一等方面迈出更大的实质性步伐。

3.3.2　多层次的社会保险体系

社会保险作为社会保障体系的核心，是指国家通过立法建立的一种社会保障制度，目的是使劳动者因年老、失业、患病、工伤、生育而减少或丧失劳动收入时，能从社会获得经济补偿和物质帮助，保证基本生活不受影响。一切国家的社会保险制度，不论其是否完善，都具有强制性、社会性和福利性等特点。按照我国劳动法的规定，社会保险项目分为养老保险、失业保险、医疗保险、工伤保险和生育保险。社会保险的保障对象是全体劳动者，资金主要来源是用人单位和劳动者个人的缴费，政府给予资助。依法享受社会保险是劳动者的基本权利。

21世纪以来，我国养老保险、医疗保险、失业保险、工伤保险、生育保险等各项社会保险覆盖范围继续扩大，参保人数和基金规模持续增长。全国地级以上城市普遍建立了协调劳动关系三方机制，促进用人单位与劳动者依法签订并履行劳动合同，劳动合同签订率稳步提高。在全国范围内重点开展了农民工工资支付情况、清理整顿人力资源市场秩序、整治非法用工打击违法犯罪和用人单位遵守《中华人民共和国劳动合同法》情况等专项检查活动。《中华人民共和国社会保险法》明确界定了社会保险的法律边界，对推进政府主导与市场机制相融合的社会保险体系建设具有重大意义和深远影响。

多层次的社会保险体系具有稳定社会生活、再分配以及促进社会经济发展的功能。一是补充层，即国家鼓励和引导用人单位根据条件，建立企业年金、职业年金和补充医疗保险制度，发展商业保险，以满足不同社会成员的保障需求；二是主干层，即通过实施权利与义务相联系的社会保险制度，为参保人员提供养老、医疗、失业、工伤、生育等基本保障。政府强制或引导社会保险制度实施，并承担必要的财政责任；三是托底层，即通过最低生活保障、医疗救助、农村“五保”等制度对城乡贫困家庭和居民给予社会救助，通过社会福利制度对鳏寡孤独等特定群体给予照顾。所需资金全部由政府支出。

近年来，商业保险积极履行社会管理职能，为完善多层次社会保障体系发挥了重要作用。商业保险通过科学有效的风险管理手段，周密防范、及时处置各种各样风险，在保障企业持续经营和个人生活安定与人身健康，参与特殊群体管理等方面，发挥着社会“稳定器”和经济“助推器”的作用。社会保险与商业保险具有很强的制度融合性和互补性。

我国目前社会保障体系的问题主要表现在覆盖范围窄、保障水平低、制度不够健全、管理基础薄弱等方面。构建多层次、一体化和普惠性的社会保险体系，就需要完善城乡居民最低生活保障制度，逐步提高保障水平。完善失业、工伤、生育保险制度。提高统筹层次，制定全国统一的社会保险关系转续办法。采取多种方式充实社会保障基金，加强基金监管，实现保值增值。健全社会救助体系，发展残疾人事业，加强老龄工作，强化防灾减灾工作，健全廉租住房制度，加快解决城市低收入家庭住房困难。

3.3.3 可持续的社会福利制度

社会福利是一个内涵宽泛的概念，其产品、对象、功能或目标等属性往往具有相对不确定性，且经常处于变动之中。英文里的“福利”是 welfare，由 well 和 fare 两个词合成，意思是“好的生活”，显然这是一个见仁见智的问题。它既可指物质生活的安全、富裕和快乐，也可以是精神、道德层面的一种状态。社会福利还与社会政治相关联，被看做一种国家治理的状态，或者是调整社会关系的一种手段。

孙中山曾把实现社会福利制度的理想通过自己的政治主张和革命实践表现出来。中华民国临时政府设置内务部，掌管赈灾、救贫、慈善等社会救济和社会福利工作。中国共产党在民主革命时期，在国统区领导工农运动和根据地社会建设，促进了劳动保护、劳动保险、救助贫困、保护妇女儿童等方面的福利思想的发展。新中国成立后，民政部门在全国各大中城市建立了大批救济福利事业机构，并接收、调整和改造了国民党政府官办的救济院、劳动习艺所和地方慈善堂以及外国教会举办的慈善机构等，在计划经济体制下，形成了国家负担、板块分割、封闭运行的传统社会福利制度框架，其中，职工福利成为核心内容。新时期以来，城市社会福利事业开始沿着正确方向恢复和发展，并针对全国城市社会福利事业单位整顿和深化改革工作召开专题座谈会，颁布了保障老年人和残疾人权益、供养农村五保户的法律法规，改变了社会福利事业由国家包办的体制，出现了国家、集体、个人协力合办的新格局。

第二次世界大战后西方政府开始介入对贫穷、失业、疾病等问题的处置，以广泛的社会福利规划和措施提供基本经济保障和社会服务，成为近代社会福利制度的基石。1948年，英国宣布建成“福利国家”，其核心是为“3U”原则：一是普享性原则(Universality)，即所有公民不论其职业为何，都应被覆盖以预防社会风险；二是统一性原则(Unity)，即建立大一统的福利行政管理机构；三是均一性原则

(Uniformity)，即每一个受益人根据其需要，而不是收入状况，获得资助。“福利国家”是西方发达国家政府通过税收政策重新分配国民收入的一种社会福利政策。它把国家对部分人的社会责任变为全体人民的权利，把消极救助变为积极预防，在一定程度上促进了社会福利的发展。

推进社会福利制度的可持续发展，要立足于中国国情，按照社会主义市场经济的要求来发展社会福利事业，加快实现投资主体多元化、服务对象公众化、运行机制市场化、服务方式多样化和服务队伍专业化，从而建立起家居供养为基础、社区福利服务为依托、福利机构供养为补充的社会福利服务体系。

国外社会保障制度丰富的历史实践，给我们提供了很多可资借鉴的经验教训。我们要了解它们现行的模式、政策、方法，深入了解其发展历程和特定的历史、经济、政治和文化背景，借鉴要有取有舍，为我所用，从本国的基本国情出发，建立具有本国特色的社会保障体系。如美国所有合法居民每人持有一张社会保障记录卡，社会保障号码(也译为社会安全号码)是唯一的，从生到死伴随每个人一生。一个人就业、开工资、缴纳保险、缴税和获得所有的社会保障，都要依据这个号码，这是美国人的福利保障的依据。美国人每到一个新地方，都要到社会保障机构办理住所变更手续，以便社会保障部门与自己的联系不中断，给自己的资料能寄到，有好事情不漏掉自己。所以，在自由迁徙、随意迁徙甚至是爱好迁徙的美国，社会保障和社会管理没有乱套。

中国社会面临着“未富先老”的隐忧，人口老龄化使老年人的养老、医疗、社会服务等问题更加突出。中国养老保险长期实行现收现付制，没有留出积累资金，面临着养老负担重、筹集资金难和医疗费用大等诸多挑战。怎样筹钱才能够保证不断增长的社会保障开支？这就是社会保障的可持续发展问题。有论者提出靠中国特色，就是“挖山”——医疗、教育、住房被老百姓称为“新三座大山”，加快改革步伐，增加公共财政的投入。保障性住房同样要向公共产品回归。“填沟”——收入差距的不合理扩大，形成贫富之间巨大的“沟壑”，要理顺分配关系，调控垄断集团的高收入，提高中低收入者的收入，扩大中间收入者阶层的比重。“铺网”——建立起“全民全面”的社会保障网。全民指社会保障覆盖城乡所有居民。全面指把低保、养老、基本的医疗和教育等都纳入保障范围。

完善社会保障体系，是全面建设小康社会、构建和谐社会的基础性工程，是实现经济社会发展成果共享和促进社会公平的战略举措。加快建立覆盖城乡居民的社保体系需要政府付出巨大努力，包括加大财政投入力度、制度推进速度、水平提升幅度和惠及人民的广度。由于欠账较多，我国在完善保障制度和提高保障水平方面仍然任重道远，当前，我国正处于社会转型期，诸多社会问题与累积性社会矛盾凸显。在此背景下，加强和创新社会管理，将以保障与改善民生为核心内容的社会建设提到国家战略的高度，进一步完善社会保障制度，不断提高保障水平，全方位满足国民对社保及相关服务的需求意义重大。

社会治理编

中国共产党执政以来，在社会建设的理论和实践方面进行了不懈探索，对社会建设内涵和要求的认识愈益明晰、把握愈益准确、运用愈益科学，在不断加大保障和改善民生力度的同时，经历了从加强社会管理到提高社会治理水平、从创新社会管理体制到创新社会治理体制的逐步深化过程。创新社会治理体制、提高社会治理水平，着眼于维护最广大人民的根本利益、最大限度增加和谐因素、增强社会发展活力。这是深入分析发展阶段性特征后得出的新结论，是引领社会进步的新标志，回应了时代新课题和人民新期待。

第4章　理念的创新

社会治理是国家治理体系的重要组成部分，推进国家治理体系和治理能力现代化必须创新社会治理及其体制。从“社会管理”到“社会治理”，绝不只是一个简单的概念转换，它体现了我们党治国理念的新思维新变革。我国原有的全能政府的管理模式已然不能适应社会发展状况。中国社会的转型在进入发展的重要战略机遇期的同时，也进入了社会矛盾的凸显期和集中爆发期。社会问题不断积累，社会秩序与和谐稳定面临诸多挑战，协调利益矛盾，化解社会冲突，维护社会秩序，促进社会稳定，成为摆在执政党面前的严峻挑战。因此，社会治理作为一种全新改革理念的升华，要求“政府本位”让位于“社会本位”，强调政府与社会共治，政府对社会的管控统驭观念必须让位于政府与民间社会的合作治理。总之，体现社会多元治理主体交集融合的社会治理，对政府、社会组织、社会公众而言，都是一场深刻的观念变革和行为变革。

4.1　乌坎的启示

探究乌坎事件的来龙去脉，诚如前广东省委书记汪洋所说：“乌坎事件的发生有其偶然性，也有必然性，这是经济社会发展过程中，长期忽视经济社会发展中发生的矛盾积累的结果。”乌坎事件及其妥善解决，带给我们关于社会转型期中国社会基层治理方面诸多有益的启示。

4.1.1 乌坎事件始末

乌坎村位于广东省汕尾市下设的县级市陆丰市的东海镇，是中国农村最基层的单位。全村总人口一万多人，居住总户数两千多户，下辖7个村民小组，距离陆丰市人民政府不到5公里。乌坎凭借其天然港口的地理优势，自清朝起，就是广东重要的海关口岸之一，对外贸易十分发达。

伴随改革开放和市场经济的发展，乌坎村“两委”干部看到了巨大的商机，以村支部书记薛昌为首的村干部开始利用公共资源经营公司并出卖集体土地，以获取收益。据报道，将近20年时间里，原村“两委”在未征取村民同意的情况下，与地方政府合谋非法征用、与商人合作非法出让集体土地，造成乌坎村数千亩集体土地流失，流失土地面积占到了全村的80%。巨额土地补偿款与卖地款项却不知去向，村民们获得补偿款只有两次，每人总共550元。村务管理不透明和财务管理缺乏监督，使得原村“两委”干部的贪腐渐趋肆无忌惮的地步，村民对村干部的不满愈加强烈。

2011年9月21日和11月21日，乌坎村村民组织了两次大规模的村民上访维权活动，向当地政府控告原村“两委”以薛昌为首的村干部私卖集体土地，侵吞国家财产，操纵村委选举，以权谋私，置国家、集体和乌坎村人民群众的利益于不顾，他们强烈要求收回被卖掉的土地，公开村集体财务，举行村委会民主选举并惩处违法乱纪的村干部。但村民上访维权的组织者和领导者被当地公安机关强行抓捕，各路媒体报道人员也不让进村采访。更为严重的是，被抓的维权代表薛锦波随即死在了看守所。由于当地政府对事情的处理不当，乌坎村村民与政府矛盾进一步激化，事态开始失控。为保护本村村民人身和财产安全，村民开始设置路障与政府“对峙”，并认定薛锦波之死有冤情，要求政府给说法。

汕尾市政府把乌坎村民申诉定性为“在境外的某些机构、势力和媒体与乌坎村事件确有一定关系，把问题炒得沸沸扬扬，无限放大”，声言要严惩集会组织者。这一论断显然未能摆脱刚性维稳的惯性思路。村民担心政府人员潜入村中捉人，所以在村口设置路障，检查入村人士。年青村民在夜间，手持竹竿巡逻，爬树站岗以防政府人员入村。乌坎村对外交通已被军警封锁，警方采取封村、断水、断电、断粮等方式，粮车不许进入，渔港也被封锁出海，渔民无法出海捕鱼，乌坎村内网络被断，电话、手机均遭监控，局势转入恶化。

当时，包括 BBC、每日电讯报、NHK、纽约时报、台湾东森新闻报以及香港多家电视台与报纸在内的全世界二十几家媒体的四十多名记者驻扎在乌坎村直播村民的抗争，加上村民的 QQ、微博、电话、短信等自媒体的传播效应，乌坎事件的影响逐渐扩大。显然，当地政府对事态发展的应对已基本失效。

转机来自广东省委高层对形势的判断和决断，汕尾当局定性的境外势力干扰被调整为村内利益纠纷，即将事件性质从原来的“敌我矛盾”扭转为人民内部矛盾。原广东省委书记汪洋要求高度重视和关心乌坎村群众的利益诉求，责令成立驻乌坎工作组，由中纪委委员、省委副书记朱明国担任组长，副省长林木声任副组长，从省直各部门抽调了 9 名厅级干部和一批业务骨干参加。根据村民的诉求，工作组设村集体土地问题、村财务问题、村干部违法违纪问题和村委换届选举问题等四个专项工作小组和一个综合协调工作小组，进入陆丰，进行实地调查，安抚村民。随着省委工作组的有效运行，各种善后事宜得到妥帖的处理，村民情绪基本趋于稳定。延续 3 个月之久的陆丰乌坎群体性事件，从酝酿、发生、激化、对抗，到广东省委派出省委副书记领衔的高规格阵容工作组，终使一场貌似一触即发的大规模抗议活动，消弭在事态恶化之前。

2012 年 3 月 3—4 日，经村民委员会民主选举，产生了以林祖銮为村委会主任的乌坎村第五届村委会，随后乌坎村逐渐形成“三委两会”的治理制度框架(“三委”即村党总支部委员会、村民委员会和村务监督委员会，“两会”即村民代表会议和村民会议)。乌坎村的秩序回到正常化，标志着“乌坎事件”得到初步解决，乌坎村进入了村民自治的新阶段。

4.1.2 风起于青萍之末

乌坎事件的典型意义，不仅在于省委工作组的进入和群体对立事件的结束，更在于它的起因。

诚然，“乌坎事件”的发生不只是偶然的，而是在村民自治过程中，诸多问题和矛盾没有得到解决而不断积累，最后导致了如此大规模群体事件的总爆发。原“两委”干部长期把持着村委权力，自上缺乏政府部门的监督和管理，自下缺乏广大村民的监督和约束，他们掌握着村委会决策权力，漠视村民的权利和诉求，在巨大的利益面前，利用职权私自变卖集体土地，中饱私囊。当群众维权意识觉醒，表达正当利益诉求时，村委会干部仍然我行我素，致使干群矛盾日益激化。而事件发生和升级后，村委会和当地政府一味地强调维稳，欲以武力强压来平息事态，逮捕了事件的组织者和领导者，但被激怒的村民并没有因此退却。

乌坎村的集体土地问题被认为是“官民”矛盾产生的根源。不论村支书薛昌还是乌坎全体村民，甚至东海镇、陆丰乃至汕尾市的一批官员都卷入了乌坎集体土地纠纷的漩涡。

随着市场经济的兴起，乌坎村开始大量引进外资兴办企业和工厂，房地产开发也悄然兴起，土地开始变得价值大增，村里的工厂越来越多。但令村民不解的是，被征用的土地收益却不知所向。除了村子里屋舍较为集中的生活区域和几个公司分散地矗立之外，其余土地基本上被围墙圈住，里面杂草丛生，以显示是“被卖掉的土地”，这让村民觉得村干部与别有用心的投资者囤积土地，以伺机抬升地价，赚取更多利润。更让村民觉得诡异的是，乌坎村集体所有制企业的决策以及集体土地的征用（出卖）从来没有征求过村民的意见。

因此村民就想讨个说法，早在2009年，乌坎村的一些年轻人利用传单的形式，揭露村干部瞒着村民私自与商人勾结贱卖集体土地行为，并汇聚同道加入QQ群，取名为“热血青年团”。此后的两年间，该团成员先后赴广东省、汕尾市、陆丰市、东海镇政府上访达11次，一共14个部门，最后达成了共识："上访没有用"，于是便筹划更大规模的游行维权活动。

按常理观之，乌坎事件是在农村土地转让过程中，少数级别并不高的基层干部利用手中权力，侵犯广大农民权利，鲸吞村民利益，做出了令村民"不平则鸣"乃至"官逼民反"的事情。

首先，市场经济大潮中不少基层权力机关不同程度地蜕化为自利型或逐利型的组织机构。它们在追逐经济利益过程中，不能兼顾利益受损群众的诉求，不能秉持包容性发展的施政举措，自然也不能正确认识和处理矛盾凸显期的各种社会矛盾。经过工作组 10 天的调查，村民反映强烈的一些重点问题一一得到印证：陆丰市农村信用合作联社营销中心有关人员利用职务便利，在乌坎村有关土地转让中收受有关人员数十万元，另有陆丰市国土局东海镇国土所个别人员在办理乌坎村有关土地转让过程中收受贿赂。而在乌坎村内部，原村党支部书记、原村委会主任等侵占村集体资产的违纪行为也昭然若揭。

其次，在《抗争性政治：中国政治社会学基本问题》中，学者于建嵘提出了这样一个颇有见地的观点：当下中国农村出现了较为严重的治理性危机——这一论断的依据之一，便是广大农村发生了一系列针对农村基层政权的集体抗争活动。而乌坎事件恰是一个典型或某种意义上的缩影：它是经济发展过程中对底层民众权益长期侵占的结果，是基层民主变形走样纵容官员腐败而不能制度性纠正的结果，是民众基本权利长期受到侵犯而维权无果且受到打击的结果。历经多年发展后，村里贫富差距两极分化日趋明显。随着陆丰城区的开发和扩大，乌坎的土地升值潜力显现并开始攀升，各层面围绕土地的利益争夺与矛盾也随之升级。

最后，基层群众、弱势群体利益表达或维权机制缺失。乌坎村虽然有人大代表和政协委员，但他们并非专职，且基本上代表着村中强势群体或阶层的利益，较少去反映和争取相关弱势群体的利益。有时候也会有些媒体替相关弱势群体正面地鼓与呼，但往往受制于媒体自身的力量和相关利益的牵涉。事实上，很多所谓的敏感事件和维权事件，在全面发酵和矛盾激化之前，在当地是无法报道出来的，而这正好错失了将事态控制在萌芽状态的时机。民众利益无从表达，愤懑无法发泄和排遣，发展中的矛盾被日积月累，最终酿成群体性事件。

4.1.3 乌坎转机的启示

广东省驻乌坎工作组的工作对恢复乌坎村的正常生活起到了重要作用。在村委换届选举问题专项组的帮助和指导下，乌坎重建了一个新的治理制度与人事体系；在村集体土地问题专项小组的帮助下，乌坎村公布了《关于乌坎村涉土地问题处理意见的阶段性通报》，将非法转让或卖出的土地约 3396 亩依法交回给乌坎村；在村财务问题专项小组的帮助和指导下，完成了《乌坎村财务收支审查报告》，对村财务收支情况进行详细审查，并提供了对审查发现的问题的处理意见；村干部违法违纪问题专项小组通报了陆丰市纪委对乌坎村原村支两委 8 名干部涉嫌违纪违法问题的调查处理情况，其中对原村支部书记薛昌、原村委会主任陈舜意予以开除党籍处分，对原村委会副主任、村委会会计、部分“两委”干部也分别给予了党内严重警告和党内警告的党纪处分。同时，汕尾市、陆丰市纪委监察局还分别对陆丰市、东海镇及基层站、所共 12 名干部给予了党政纪处分，其中县处级干部 1 人，科级干部 2 人，另有 2 人被移送司法机关处理。乌坎在新一届村党总支部和村委会的领导下，村民代表大会和村民会议已正常运行，并通过了一系列乌坎村规章制度和乡规民约。一个拥有相对健全而完整的制度体系的新生乌坎，正以前所未有的努力推动着“村民自治”的基层民主实践，这也引起了人们的思考。

乌坎事件的峰回路转，在于广东省委领导“必须直面和解决好这些矛盾和问题”的重要批示，在于工作组充分肯定“群众的主要诉求是合理的”以及“民意为重、群众为先、以人为本、阳光透明、法律为上”的真诚表态，尤其在于乌坎事件中村民的诉求点在利益，而转折点也在利益。部分村民之所以频频上访，皆源于对村干部处置土地、财务、换届等问题的不满。

其一，把握社会转型期群众利益的诉求点。中国正处于社会转型期，经济社会在持续前行中难免累积了多样化矛盾，正所谓利益主体多元化，利益诉求多样化，利益冲突显性化。广东是改革开放的先行之地，经济发展快，开放程度高，社会转型快，流动人口多，社会管理压力大，社会矛盾早发多发，出现的问题既具有典型性，又具有警示性。中国是个超大型社会，不可能天天、到处派驻工作组去把握群众诉求。这就启示我们要建立一个固定的、长效的利益表达机制，让群众的利益能够及时、有效地表达，使其不至于激化，在矛盾积累到危机爆发的临界点之前就被消化掉，以“堵其祸害于未萌”。乌坎事件中，基层政府最初的失误正在于，没有正视村民合理的利益诉求，让理性的上访升级为过激的行动。在面对具体矛盾冲突时，把握了群众利益的诉求点，也就把握了问题解决的关键点。正视了村民合理的利益诉求，理性的上访才不至于升级为过激行动。同时探索建构合理有效的利益谈判和博弈机制，通过和平、理性的对话与商讨来解决问题。

其二，面对人民群众的利益诉求，甚至以过激行为表达的矛盾冲突，地方政府要有大局意识。一方面，要坚持走党的群众路线，看到“群众利益是发展的最终目的”，“着力解决好人民最关心最直接最现实的利益问题”是最大的政治；另一方面，要扫除面对群众时的“对手思维”，真正把解决群众利益问题“作为检验干部群众观念、宗旨意识、领导能力的试金石”。乌坎事件的转机表明，要减少社会矛盾的触点、降低燃点，就必须将社会管理摆在更重要的位置，解决好群众利益问题。清华大学学者孙立平认为，这一事件的意义非凡，“因为这同时满足了民众表达争取权利以及政府化解矛盾维护社会问题的双重需求”。

其三，中国的基层民主自治要实现多数人参与，不能沦为少数人的专利。乌坎村村民薛昌连任村支部书记长达 41 年多，原村委主任陈舜意是薛昌数十年的工作搭档。每到选举之际，他们就委派亲信拿着投票箱到若干与自己关系紧密的村民家中，让他们在选票上写上指定候选人的名字，然后郑重其事地宣布某某等人高票当选。在选举程序中，部分村民甚至没有见到选票是什么样的，就莫名其妙地“被投票”了。慑于“两委”和镇政府的权威，村民敢怒不敢言，而更为广大村民感到不平的是，这样一个自私自利、贪污弄权的村支部书记，曾连续四届当选为广东省人大代表，连续三届当选为广东省党代表，2005年被评为全国劳动模范，2006年在广东省共产党员先进性教育中被誉为“走在时代前列的好村官”，并被载入《广东年鉴2006·人物》。乌坎事件后，在省委工作组的帮助下，乌坎村进行了一次真正的民主选举，结果原村“两委”成员一个都没有当选。由此看来，村民民主自治一旦成为少数人的专利就必然会成为滋生腐败的温床，只有依法选举并能够得到广大村民监督而产生的村委会才会真正代表民意。

其四，土地问题在当前和今后中国农村发展中的重要性将有增无减。有数据表明，各地农民的维权活动近些年总体有所增加，土地问题成焦点，其中因强行征地与补偿不足引发的群体事件占到了六成左右。可以预见的是，由于城镇化进程中相关制度的缺陷，农村集体用地流转、宅基地制度改革等问题将成为热点焦点问题。新型城镇化是人的城镇化，其核心要义在于尊重村民的各项权利，只有将农民土地权益升华为一种全国性的规范性制度保障，才能让农民分享更多城镇化红利。如若一些地方政府因急功近利强力驱动城镇化，超出了城镇的就业吸纳能力和基础设施承载能力，由于土地价格低廉、补偿不到位等原因，农民利益将会受到侵害，甚至陷入“种田无地、就业无岗、低保无份”的困境，那么各地围绕土地的博弈所产生的矛盾势必有所发展，这类群体性事件也将持续攀升。

4.2 服务型政府

人民群众的美好生活，离不开提供优质公共服务的政府。在现代国家语境下，服务型政府是在人民主权原则下，行使公共权力、利用公共资源、处理公共事务、提供公共物品与公共服务、满足公共需求并承担公共责任的政治组织。乌坎事件的启示同时表明，政府只有在一个公共透明、廉洁高效、依法行政、公平公正的运行机制下，利用人民赋予的权力，以广大人民群众的根本利益为出发点，以捍卫公民的生命和财产安全为目的，满足人民群众日益增长的公共利益诉求和需要，才会得到群众的信赖和拥护。

4.2.1　由管控转向服务

在计划经济时代，政府职能的重要特征表现为管控社会一切。国家的一切指令、方针、政策都由政府来制定、监督、执行和评价，政府是一个全能性管控政府，所以它的弊端也易显现。首先，从政府与社会关系来看，政府行政的目标主要是管理社会，维持国家的秩序和社会安定。政府不仅对社会要实施宏观管理，而且也要进行微观干预，全面介入社会生活甚至私人生活，这就导致社会自主性受到了一定程度的限制，公民的积极性和社会的活力也难以激发和发挥。其次，就政府的运行机制和手段方式而言，管控型政府往往采用强制和命令。政府如何为公民服务，为公民提供怎样的服务，都是由政府一方说了算，而且采取命令行政、非制度化的行政或者一把手集权行政。管控型政府与群众之间缺少有效沟通、交流和协商机制，长此以往导致政府权力过分集中，政府行政的规范性、民主性和公开性越来越差，绝大多数公民处于被动地位，群众很少有机会参与政府和社会的管理过程，社会生活只有统治和服从，因此更谈不上群众对政府的监督，对政府监督的缺失容易使得政府把人民赋予的权力当做个人牟利的工具，滋生腐败，即像乌坎村原“两委”一样利用手中权力变卖集体土地为自己牟利。最后，从政府行政的效果观之，管控型政府的行政成本过高，行政效率低下。政府的权力过分扩张，不该管的事也管，管控思想严重而服务意识淡薄，导致了政府机构臃肿、职责不清、官僚主义盛行、贪污腐化现象不断发生，政府效率低下，浪费了大量社会资源。

由于中国的特殊国情，政府在很大程度上成为社会发展和进步的关键因素。随着改革开放和社会主义市场经济的建立，我国社会正在进行着全面的转型，但政治体制改革滞后于经济体制改革，这在客观上也需要政府与时俱进，依据社会的变化作出必要的改革，即从计划管控型的政府转向现代民主服务型的政府，这是由中国共产党的宗旨和政府“为人民服务”的理念决定的。中国共产党代表最广大人民的根本利益，党和政府机关脱离了群众、撇开了人民，人民群众就不会拥护和支持它们，其执政和行政的合法性就会失去依据。同时，服务型政府的构建也是我国社会发展、政府自身发展、人民群众自身利益维护的必然要求。当前我国改革处在深水区，各种问题、矛盾甚至冲突不断产生，如何化解这些不利因素，并变消极因素为积极因素，构成了我国构建服务型政府的外在压力和内在动力。

政府由传统的管控走向为公众服务，是对政府自身功能的重新定位。管制型政府和服务型政府最突出的区别，是政府有没有继续沿袭着“官本位”思想，有没有服务意识，有没有做到还权于民。计划经济时代的全能管制型政府把权力以强压的方式渗透到社会各个角落，人民的社会生活处于行政权力的严格控制之下，很少有自主行动的余地，政府官员所言所讲就是法律，官员以言代法、以人代法、以权压法、言出法随的现象成为常态，群众只有“唯官是从”，所以“官本位”思想成为人民群众的固定思维方式。

我国进入市场经济轨道以后，变迁着的社会存在决定了社会意识的嬗进，人民的主体意识有了较大提高，“官本位”的思想逐渐淡化，对政府也有了重新认识，政府应该尊重民众的选择，以民众利益为本位，以一个服务者的心态请民众参与政策制定和执行，还权于民，取得民众的信任和支持。从社会管理层面来说，政府只有顺应潮流，转变职能，不再作为一个高高在上的裁判者、宰制者的形象而存在，更应像是一个优质公共服务的提供者，由管控转向服务，为民谋利，重构政府与公民主体、社会的关系，把虚化的应然关系落到实处。同时要切实加强培育多元化的社会管理力量。力求形成政府、市场、社会三位一体的平行管理框架。此外，要从社会管理角色与任务出发，理顺政府与市场的关系。将社会管理的相关内容细化分类，市场的归市场，社会的归社会，政府的归政府。依照当下社会管理要求理顺社会管理相关部门的内部关系。唯其如此，方有可能为人民提供优质服务，进而确保政府公信力的提升以及执政权力的巩固与稳定。

4.2.2 转变政府职能

自 20 世纪六七十年代开始，建立在传统官僚制基础之上的管控型政府遇到多方面挑战，各国纷纷兴起政府改革运动，摒弃管控型政府管理模式，代之以服务型政府运作模式。

中国的改革开放既以政府职能转变为重要变革内容，又作为实现社会主义市场经济的重要途径和手段，而从计划经济到市场经济的转轨为政府职能的全面转型提供了重要的社会经济基础。伴随着改革开放持续推进和深入发展，中国的社会结构从封闭走向开放，由政府主导的计划经济逐渐转向市场经济，政府职能在这个转型过程中，面临着全方位挑战：经济全球化和全球一体化的浪潮使得政府必须重新审视自己在社会发展中的角色和功能，明确界定政府与企业、民间组织各自的职能范围，形成国家、社会和个人三者在公共服务和社会管理中的合力，真正负起政府作为制度设计者、资源调动者、变革推动者、利益协调者和纠纷裁决者等诸多角色的责任。同时，处于社会转型期的中国政府，必须在维护和促进经济发展的同时，扮演秩序行政的维护者、市场秩序的维护者、违法活动的制裁者等诸多角色，致力于消解诱发政治不稳定的环境与条件，注意政策、规制和公平效益等的公共服务性导向，从而真正树立起“服务至上”的政府组织管理理念，以确保政府向现代民主法治型、公共服务型政府转换，建设和谐社会。党的十六届六中全会作出的《中共中央关于构建社会主义和谐社会若干重大问题的决定》指出，要“建设服务型政府，强化社会管理和公共服务职能。为人民服务是各级政府的神圣职责和全体公务员的基本准则。按照转变职能、权责一致、强化服务、改进管理、提高效能的要求，深化行政管理体制改革，优化机构设置，更加注重履行社会管理和公共服务职能”。①

① 《十六大以来重要文献选编》(下)，中央文献出版社 2008 年版，第 663 页。

当前我国政府管理面临的深层次问题，主要体现在以下几个方面：一是政府整体上结构不合理。管理经济和社会的部门设置过多，导致职能交叉重叠，多头管理。党政机构有些重叠，政府和社会的功能没有充分区分，作为社会组织的民间组织由于退休官员等介入变成“二政府”；二是政府职能转变明显滞后。1988 年提出转变政府职能的改革目标。但 20 多年过去了仍没有一个很好结果。三是行政审批事项太多。很少有国家像中国各级政府这样，审批范围如此之宽广，审批程序如此之不规范，审批中自由裁量权如此之大，审批中的暗箱操作如此之多。对此，有人指出这种审批结构是中国由计划走向市场过程中政府管理出现的一个“怪胎”。四是社会管理、公共服务薄弱。改革开放以来，国家财政收入有了大幅增长，但老百姓看病难、上学难、住房难问题还是如此突出，表明社会管理特别是公共服务的制度供给、政策设计没有跟进，没有及时把更多弱势群体、低收入民众涵盖进来。五是政府行为上的“四风”等问题，形式主义、官僚主义、享乐主义、奢侈浪费、弄虚作假、形象工程、政绩工程、权钱交易等危害大，严重损害着群众和政府、执政党的关系。

中国特色社会主义市场经济和民主政治的发展，要求政府职能转变的目标定位于理顺政府与市场的关系。为此，政府须在适应市场经济发展要求的前提下建立、健全国家宏观调控机制，完善公有制为主体多种所有制经济共同发展的所有制结构和按劳分配为主体多种分配方式并存的分配制度，建立完善的社会保障体系，运用经济、法律、行政等各种手段，使社会的各种稀有资源实现合理的、有价值的配置，以提高资源配置的效率，有效地抑制通货膨胀，保持物价的基本稳定，实现充分就业，解决一部分人先富和共同富裕的问题，实现公平的收入分配，使得社会各个领域、各个阶层的利益得到相应的表达和实现。同时，政府须致力于建立和发展现代民主，培育市民(公民)社会，推进社会变迁和公民民主意识的觉醒，在社会管理和社会服务等领域确立与民间组织的合理分界，建立充分的合作关系，形成真正的合力。政府须主导建立规范的法律体系和政治秩序，这种体系不仅包括整个社会认可的法律、法规、规章和政策等，还包括一系列具体的运作程序与措施机制的规定。

邓小平曾指出："制度好可以使坏人无法任意横行，制度不好可以使好人无法充分做好事，甚至会走向反面。"①制度化行政是转变政府职能的一个重要目标，而依法行政的推进本身就是政府制度化行政的保证。只有依法界定政府及其公务员的权利、义务和责任，明确其权限范围，依法规制市场、市场主体乃至公民之间的行为和相互关系，才能真正确保政府职能转变，使政府机关及其公务员自觉守法，按照法定的权限、程序、范围和条件行使行政权，真正发挥其在现代化过程中的组织者和推动者乃至公共产品提供者等重要作用，做到不越位、不错位、不缺位，保护共同的利益和每个个体的利益，促进政府职能的良好发挥。

当前深化行政体制改革，加快转变政府职能，对于使市场在资源配置中起决定性作用、更好发挥政府作用，进一步提高政府治理水平、激发经济社会发展活力意义重大。简政放权与加强管理和服务是转变政府职能的两个方面。简政放权，目的是使市场在资源配置中起决定性作用，激发市场主体的创造活力；加强管理和服务，目的是更好发挥政府作用，把政府工作的重点转到创造良好发展环境、提供优质公共服务、维护社会公平正义上来。

2013 年国务院颁发了《关于地方政府职能转变和机构改革的意见》，提出把职能转变作为改革的核心、把深化行政审批制度改革作为重要抓手和突破口，继续简政放权，增强经济发展内生动力。把群众需求作为改革的重点，着力解决好事关民生的突出矛盾和问题。深化政府机构改革，坚持精简统一效能原则，推进机构和职责整合，规范机构设置，加强机构编制的刚性约束力。

"人有不为也，而后可以有为。"转变政府职能，只有把不该管的放下，才能合理取舍，有的放矢，把该管的管到家。李克强总理在地方政府职能转变和机构改革工作电视电话会议上指出，简政放权、取消和下放行政审批事项，如果

① 《邓小平文选》第二卷，人民出版社 1994 年版，第 333 页。

上动下不动、头转身不转，政府职能转变和机构改革就可能变成“假改”、“虚晃一枪”。有的地方政府只下放复杂的、管理责任大的，“含金量”较高的仍然留在手中；有的放权有水分，动辄上百项，但“干货”不多。打“小算盘”、“小九九”，因此，不允许“走过场”、“变戏法”，确保简政放权真正到位、见效。

4.2.3 建设服务型政府

马克思根据巴黎公社的经验提出过“公仆论”，社会主义的核心价值之一是“一切权力属于人民”。社会主义国家的政府是实现人民主权的工具，在这个意义上，服务型政府即为人民服务的政府。

服务型政府是相对于传统的管制型政府而言的一种政府治理模式，是历史发展到一定阶段的产物，是经济、社会进一步发展的必然要求。服务型政府建设也是一个渐进的过程，在社会主义发展史上并无现成模式可以借鉴，只能根据中国具体国情在实践中探索和完善。

党的十六大报告第一次把政府职能归结为四个方面：经济调节、市场监管、社会管理和公共服务。2004 年，温家宝在参加十届人大二次会议陕西代表团的审议时指出：“管理就是服务，我们要把政府办成一个服务型政府，为市场主体服务，为社会服务，最终是为人民服务”，这是中国政府首次提出“建设服务型政府”。胡锦涛在党的十七大上，明确指出把“建设服务型政府”作为行政管理体制改革的重要目标。党的十八大报告指出要建设职能科学、结构优化、廉洁高效、人民满意的服务型政府，十八届三中全会进一步要求必须切实转变政府职能，深化行政体制改革，创新行政管理方式，增强政府公信力和执行力，建设法治政府和服务型政府。可见，服务型政府作为我国行政管理体制改革的目标，在执政党的接力探索中日益清晰并定格，显示出我们党“立党为公、执政为民”的本质要求和建设服务型政府的决心。由此，服务型政府也作为一个与民生问题密切相关的词汇，逐渐走向广大人民群众的日常生活之中。

建设服务型政府要求政府从管理理念、管理职能、管理制度、管理手段和行为方式等方面，实现根本性转变。一是牢固树立为人民服务的宗旨和以人为本的管理理念，在政务活动中最大限度满足人民群众的需要，做到保障民权、尊重民意、关注民生、开发民智。二是明确并强化公共服务职能，创新公共服务体制，改进公共服务方式，加强公共设施建设。深化行政审批制度改革，进一步减少和规范行政审批事项，简化办事程序，创新管理制度，为群众和基层提供方便快捷优质服务。三是形成有效制度安排，加快形成政府服务运行机制。严格依法行政，依法规范和约束行政行为。建立健全民主决策机制、政务公开机制、群众监督和参与机制。四是改进政府管理手段和行为方式，使政府成为经济发展方向的指引者、经济关系的协调者和公共服务的供给者，做“精明的导航员”、“公正的裁判员”和“忠实的服务员”。整合行政资源，降低行政成本，提高行政效率和服务水平，增强政府工作透明度，提高政府公信力。推行政务公开，增强政府公信力。推进政事分开，支持社会组织参与社会管理和公共服务。

经过近十年的实践，服务型政府建设日趋系统化、规范化。按照党的十八大报告和十八届三中全会的最新指示，我国要以建立中国特色行政体制为目标，健全国家宏观调控体系，全面正确履行政府职能，优化政府组织结构，深入推进政企分开、政资分开、政事分开、政社分开，建设职能科学、结构优化、廉洁高效、人民满意的服务型政府，这就为我国建设新型服务政府提出了新的目标和要求。随着改革的深入，服务型政府理论和实践会越来越完善，“少有所学、壮有所为、老有所养、病有所医、弱有所助、居有所乐”的局面将会实现。

4.3 革新维稳模式

社会稳定是国家发展的前提和基础，维护稳定是现代国家的重要职能。政府作为国家政权和人民利益的代表，拥有和掌握国家治理资源，科学合理地利用这些资源化解影响社会稳定的潜在风险和危机，给国家现代化建设提供良好环境，是对政府能力的考验。处在社会转型期的中国，维稳模式的选择和优化，显示出政府治理能力和国家政治体制改革发展的基本趋向。如何顺应时代潮流，有效维护利益分化与制度变革时代的社会政治稳定，实现中国维稳模式的现代转型，成为当前中国国家治理与政治建设的重要课题。

4.3.1 矛盾凸显期的社会稳定

在当前体制变革、社会转型时期的中国，改革开放事业已进入制度调整、体制变革与机制创新的关键阶段，经济体制深刻变革，社会结构深刻变动，利益结构深刻调整，思想观念深刻变化，社会中的各种利益关系和利益格局处于非均衡状态，利益主体日益多元化，社会阶层的分化不断加速，伴随而来的是各种社会利益冲突，而社会解纷机制的不完善，服务型政府的理念没有深入，公众日益凸显的矛盾诉求没有得到合理的解决，使得一些积重问题由某一普通事件的引发而成为重大群体性事件，这对社会安定团结的政治局面构成了不同程度的挑战。

近年来，我国发生的瓮安事件、石首事件、乌坎事件等，可视为当前中国社会众多群体性事件中的典型案例。这些群体性冲突往往由于群众具体的利益诉求得不到及时解决，慢慢发展为显现化，一些偶然因素使之激化，引发大规模的冲突。此类事件在基层突出表现为房屋拆迁、土地征用纠纷、劳资冲突、执法失当等。但细究其原因，往往缘于基层民众长期的弱者思维和被剥夺感。处于弱势地位的民众，缺乏话语权及利益表达的渠道，一旦受到不公平待遇，其受虐感就特别强烈。如果地方政府不能为其主持公道，他们就会自发组织群体力量，通过冲击政府机构发泄不满。

我国社会快速转型时期出现的各种矛盾，其焦点实质是资源（利益）分配不公引致的社会成员、社会群体等不同利益主体之间的人民内部矛盾。这种情形会导致利益相对受损的一方对改革的支持度弱化，产生被剥夺感与社会不平感，这一心理状态具有弥散性，可能会诱发群体性事件及各种社会摩擦乃至社会冲突，对社会主义和谐社会的构建构成巨大挑战。

在一个体制机制相对健全的政治制度下，这些矛盾是比较容易消除在萌芽状态的。但正如《中共中央关于构建社会主义和谐社会若干重大问题的决定》中指出的那样，“空前的社会变革，给我国发展进步带来巨大活力，也必然带来这样那样的矛盾和问题”，“城乡、区域、经济社会发展很不平衡，人口资源环境压力加大；就业、社会保障、收入分配、教育、医疗、住房、安全生产、社会治安等方面关系群众切身利益的问题还比较突出”。① 中央政府由于位阶高，距离远等原因，往往难以及时回应基层民众的呼吁和诉求，不大可能为各种群体性事件的解决提供及时和周到的方案，调节冲突，化解矛盾的重任于是就更多地落在了基层政府的肩上。

然而，大量的群体性事件的爆发，基本上源于基层政府处理不当或者处理不及时，反映出矛盾凸显期我国基层政府处理群体性事件的实践中存在不少问题，往往不恰当地忽视或者限制了群众合理诉求的表达，矛盾根源没有得到解决，事件处理程序被扭曲，处理成本增高。国人自古有知足常乐的思想，只要切身利益未被侵犯或被侵犯后及时得到解决，他们是不会与政府部门作对的。而问题恰好在于，群众的利益诉求得不到政府回应，合法申诉途径被维稳部门强制中断，群众对基层政府处于互不信任的状态，久之则积怨和矛盾日深。部分群众甚至从现实经验中悟出，只有以“闹大”了的群体性事件来对抗政府的不作为，自己的诉求才会受到上级相关部门的关注和重视。因此，民间才会生出“大闹大解决、小闹小解决、不闹不解决”的说法。也正因为此，一方面我国在公共安全方面的财政支出年年增加，另一方面影响稳定的暴力事件、极端事件却屡见不鲜。

事实上，不同制度下的任何一个国家在发展经济过程中，都会出现矛盾和问题。矛盾是普遍存在的，要重视并解决矛盾，不能为了维护社会稳定就回避、掩盖和轻视矛盾。我国现在处于矛盾的多发期，政府更应该重视群众的诉求，及时解决社会管理中出现的各种矛盾和问题，让这些矛盾和

① 《十六大以来重要文献选编》(下)，中央文献出版社 2008 年版，第 649 页。

问题消除在萌芽之中，避免像乌坎事件那样的群体性冲突在其他地区多次重演。

4.3.2　打破维稳思维的惯性

新时期以来，为了给经济发展创造一个良好的环境，我们提出诸如“发展是硬道理、稳定是硬任务”、“稳定压倒一切”等方略，维稳工作被提升到前所未有的高度。

无疑，合理合法的维稳为维护国家长治久安以及安定团结的政治局面，确保基本政治制度的长期延续和社会政治秩序的长期稳定，应对和化解社会转型期的各种人民内部矛盾和社会政治不稳定因素，为有效解决威胁中国社会政治稳定的潜在风险与危机，都是有利的。且就目前我国维稳工作成效来看，维稳确实保障了经济发展的相对安定的环境，促进了经济的高速发展。

但从国家长治久安来考量，稳定本质上是社会开放的真实状态，而非权力系统内部感受的状态；稳定并非一种静止状态，而是一种动态平衡。当矛盾处于隐性状态时，利益群体、权利个体不进行表达和行动，公众凡事都选择沉默，或者人为制造这种状态，这并不能被视为稳定，这样的社会反而存在极大风险。人们为了权利，以合法的方式通过表达或行动去争取，让矛盾显现出来，政府依照法律规范合理解决矛盾，维护人民合法权益，社会才会真正处于稳定状态。因此，各级政府应转变现有的维稳思路和模式，维护宪法所赋予的公民合法权利，认识到“维权就是维稳，维权才能维稳”。

我国维稳工作运作机制是一种压力型体制，造成维稳内涵泛化。各级党委、政府为了加快本地社会经济发展，完成上级下达的各项命令和任务，构建了一套把行政命令与物质利益、职位晋升刺激相结合的工作机制，在这种硬性压力的强力推动下，地方政府容易风声鹤唳，草木皆兵，形成一种社会政治不稳定的恐惧感，一些正常的，乃至鸡毛蒜皮的小矛盾、小冲突可能被认定为影响不稳定的大问题与大事件，运用行政命令甚至暴力手段强行压制，以确保在自己任期内，在自己管理范围内不出大问题。这样很容易使得大量社会问题政治化，造成社会经济问题、管理问题、法律问题和社会民生问题都指向政治领域，都要求政府予以包揽和解决，减缓了政府职能转变的进程，造成了一定的潜在政治风险。

压力型的维稳体制和泛化的维稳内容直接导致了维稳手段与维稳目的之间的本末倒置，把本来只用于一时的维稳手段当做目的，从一时的权宜之计趋于凝固和常态化，使维稳的经济成本和社会成本不断攀高甚至无从遏制。作为一项重要的政绩考核指标，一些地方政府和官员的维稳思维存在误区，将维稳看做纯粹政治任务，把绝大部分精力集中于应付与维稳相关的事项，如截访、拘留、罚款、劳教、判刑等控制性手段上，在处置社会矛盾的过程中，常常将民众正当的利益表达与社会政治稳定对立起来，将维权与维稳对立起来，把正常的诉求当做触犯了法律问题来看。当群体性事件发生时，往往又采取简单化和绝对化的社会管治方式，通过压制和牺牲弱势群体的利益表达，利用利益补偿等手段控制事件的变化，或轻率地滥用警力，高压维稳，或倾向于单纯依靠“维稳基金”花钱买平安，且美其名曰：“人民内部矛盾用人民币解决。”这种维稳方式事后补救多于事前预警，头疼医头，脚疼医脚，重堵轻疏，结果不仅无助于矛盾化解，反而造成警民对立、干群对立，不断制造新的社会矛盾和冲突。其付出的代价也是巨大的，产生的问题也是不少的，甚至在某种意义上已经陷入了“越维稳越不稳”的恶性循环。在乌坎事件爆发前期，陆丰市市政府和东海镇镇政府如果能够耐心地听取群众的意见和诉求，及时妥善处理群众上访事件，及时疏导，乌坎村的村民也不会继续把事态扩大。

显然，各级政府应该深刻反思现有维稳模式的弊端，超越现有维稳方式的局限，打破维稳思路的路径依赖惯性。

一是革除重堵轻疏的积弊，要疏导情绪、听取民意、耐心解释、化解矛盾，依法办事，按规章按程序解决，而不应该一味地镇压、驱散、限制、跟踪、截访群众，一味地用行政方式代替司法方式、以个人权威取代法治权威、以权代法。当前各级政府维稳思维的一大误区，就是将民众的利益表达与社会稳定对立起来，把公民正当的利益诉求与表达视为不稳定因素。同时，一些地方政府的维稳是治标不治本，常动用警力等专政工具来压制和牺牲弱势群体的利益表达，以实现一时的社会稳定。如有些地方在“零指标”和“一票否决”的考核压力下，总是兴师动众派人赴省城跑京城堵截上访人员，而上访人员当初的正当利益诉求却无人问津。如果有了社会矛盾和冲突后，只是采取临时性的安抚措施遮掩矛盾和问题，那不仅无助于矛盾和问题的解决，而且就只会导致积聚矛盾、扩大问题，从而引发更大的不稳定。

二是必要而适当的维稳方式要与时俱进。一味固守旧有模式，一旦面对各种新情况新问题，往往会束手无策，频频产生“不稳定幻象”，感觉社会稳定面临严峻形势。其实，在我国当今这样一个社会转型时期，征地、拆迁、工资拖欠、劳工权益等问题，往往会成为引发社会矛盾和冲突的主要起因，但这种利益之争不可能严重危及我国的基本制度和社会稳定。由于应对社会矛盾和冲突缺失有效对策，从而得出会有大的社会危机和社会动荡的结论，不免有点危言耸听。公权力的运用应该受到相关部门的监管和制约，不能让人民警察、部队成为政府压制人民正常诉求的工具；政府的运行过程也应该合理合法、透明公开，减少暗箱操作的可能性，增强政府的公信力，增加群众对政府的信心，减少干群之间的敌对情绪和矛盾。

4.3.3 创新维稳模式

维稳当属维护稳定的简化词，这是一个新兴词汇，维稳两字最早出现在2001年的有关政府行政文件当中。如今，维稳的使用频率越来越高，维稳工作显得日益繁重。如何维稳，已成为当今各级党政领导的一门必修课。其实，维稳也没有什么秘诀，当前对于各级党政领导来说，以经济社会的又好又快发展促进社会稳定，应该是一条维稳良策。

在利益格局深刻变化、社会群体性事件频发、社会成员维权渠道不畅、维护社会稳定成本加大的现实中，“稳定压倒一切”的口号已经大面积地演变为政绩考核的硬指标，各级党政官员面临着空前压力。所以，江泽民在21世纪之初强调指出：“必须结合新的历史条件，大力加强和改进对人民群众的思想政治工作，同时积极运用经济、行政和法律等手段，及时妥善地处理人民内部矛盾，防止矛盾激化而影响社会稳定和人民团结。”①

正视现实，“稳定压倒一切”至今仍具一定现实意义，也不能轻言淡出。但 21 世纪中国社会的稳定，已无法通过自上而下的国家控制、舆论一律乃至严刑峻法来实现，而在很大程度上，要来自于政治文化的一体化，来自于价值分配上的民众认同度，来自于执政党和政府权威的再塑与确立，来自于执政有效性与公平施政的内在统一，来自于公民诉求与政府决策的一致性，来自于政治过程的包容性和公民有序政治参与的扩大，来自于社会成员权利状态稳定，来自于社会利益表达渠道的畅达和利益协调能力的提升。

党的十八届三中全会指出要建立畅通有序的诉求表达、心理干预、矛盾调处、权益保障机制，使群众问题能反映、矛盾能化解、权益有保障。在社会转型的背景下，通过服务型政府的构建，在平衡各社会主体之间利益关系的基础上，以社会管理创新促进国家政治稳定，达成社会秩序、政治秩序与人心秩序的维系与有机统一，进而促进新的经济政治的发展和社会稳定相协调，是中国国家治理和社会管理的基本要求。因此在理顺政府维稳与人民群众诉求之间的关系之后，必须创新政府的维稳模式，正确地认识维稳的目的，以服务型政府的姿态真正地为人民群众谋福利。

创新维稳模式首先就要树立科学的稳定观。政治稳定是政治秩序处于相对稳定的一种延续性状态，即执政党能够把社会利益矛盾和冲突调控在一定秩序范围内，执政地位因此不会发生突发性倾覆，政府也不会动辄采用暴力强制手段压制公民政治行为。现代社会的稳定是一种和谐与有机的稳定，一种基本满足了人民群众物质文化要求基础之上的稳定，是一种坚持以人为本、动态、公正、民主、和谐、可持续的法治稳定观。科学稳定观是以人为本的稳定观，以满足和发展人的各种物质文化需要作为一切稳定工作的出发点和归宿点，人民看到稳定带来的实在的好处，看到现行制度、

① 《江泽民文选》第二卷，人民出版社 2006 年版，第 260 页。

政策的好处，这样社会才能真正稳定下来。

创新维稳模式还要建立一个现代国家制度体系。传统与现代维稳模式的分水岭不在于社会当中有没有矛盾，而在于制度是否能有效化解矛盾和冲突，在于国家制度建设是否能够为公民的有序政治参与提供制度化的管道。好的制度不是消灭冲突，而是能够容纳冲突，并用制度化的方式解决冲突。同时，注意防止用“运动式治理”替代真正的制度化建设，不应当被既得利益群体绑架，也不应夸大社会不稳定的可能性，党和地方政府要有自信。

群体突发性事件的大量出现，考量着地方政府的执政能力。各级党委和政府要以深切的忧患意识，认识到中国社会业已发生了全方位和多层次的变迁，社会转型未定，21 世纪的中国进入了矛盾凸显期、风险累积期，不断考验着执政党治国理政的能力。维稳工作制度化建设的目标主要有三个：一是增强体制容纳矛盾和冲突的能力，增强法律法规、公共政策与制度体系容纳与调适利益矛盾与社会冲突的能力；二是提高用制度化方式解决矛盾和冲突的能力，这里主要是尽快建构利益均衡机制，主要包括信息获取机制、利益凝聚机制、诉求表达机制、利益协商机制、调解与仲裁机制等；三是在社会实践中探索形成一种联动机制，合理分摊市、区、街道和社区的维稳治理成本，加大对社会自治组织和社区的扶持力度，不断提高基层社会自我管理和化解矛盾冲突的能力。积极发挥社会组织和市场组织的作用，加大社区建设与社会管理创新的力度，建设一个充满友爱、公平正义、民主法治的现代和谐社区，逐步构建国家——市场——社会有机协作的维稳新模式。切实创新社会管理体制，建立健全“党委领导、政府负责、社会协同、公众参与”的社会管理格局，使中国走出维稳治理的困境，实现社会和谐和政治稳定。

创新社会治理模式，应当在执政党的领导下，适应市场经济条件下社会多元化和流动性强的特点，改变计划经济条件下政府包揽社会管理的传统模式，发挥政府主导作用，创造各种有效方式，鼓励和支持社会各方面参与，从传统的社会管理转向时代发展要求的社会治理，努力在实现政府治理和社会自我调节、居民自治良性互动上取得成效，逐步形成"小政府、大社会"的治理模式。

第5章　模式的变革

创新社会治理模式，应深化社会组织管理体制改革，培育发展和规范管理社会组织，创新人民团体的活动方式，强化服务职能，构建枢纽型社会组织体系。鼓励和支持社会力量参加社会治理、公共服务，对于激发社会活力、巩固和拓展党的执政基础具有重要作用。

5.1　培育社会组织

在人类社会发展的过程中，除了宗教、政党、家庭等组织之外，政府、企业和社会组织是三种基本的社会组织和制度形式。一个成熟的社会，是政府、企业和社会组织三者基本均衡的社会，可以说，功能各异的社会组织构成了现代社会的主要基础。作为社会一种基本组织制度形式，狭义的社会组织，主要是指由自然人、法人和其他组织为满足社会需要或部分社会成员需要而设立的非营利性组织，包括社会团体、基金会和民办非企业单位等。党的十六届六中全会通过的决议提出了社会组织的概念，阐述了社会组织的培育发展和管理监督，使得社会组织作为一个重要的范畴得以确立。党的十七大之后，作为社会组织的主要登记管理部门，国家民政部随即使用了"社会组织"这一新概念，不再沿用"民间组织"的传统叫法。自此，从国家层面来说，"社会组织"的概念取代了过去实践界和学术界所使用的"非政府组织"、

"非营利组织"、"第三部门"、"志愿者组织"、"民间组织"、"公民社会组织"等不同称谓。

5.1.1 和谐社会的黏合剂

随着经济体制改革的深入和社会阶层的分化，在社会转型的过程中，我国社会也出现了一些不和谐的现象，如贫富差距拉大、社会矛盾多发、群体性冲突事件增多等。这些问题的解决对政府的治理能力提出了更高的要求：政府要在社会管理上积极地转变治理方式、创新社会管理体制、重新塑造政府与社会的关系。在这样的背景下，我国社会组织得到了一定程度的发展，在推进社会福利、科技、教育、文化、体育和卫生事业发展，扶贫开发，完善市场经济，增加就业机会，促进对外交往等方面发挥着越来越大的作用。据民政部的统计，截至 2009 年底，登记注册的社会组织总量接近 43 万个，考虑到相关法律与政策缺失所带来的社会组织注册难情况，社会组织的总量大大超过民政部的估计，俞可平教授估计我国社会组织有 300 万个左右。这些组织遍布城乡，涉及国民经济各个行业、社会生活各个领域，形成了一个门类齐全、层级多元、覆盖广泛、功能强大的社会组织体系，它们吸纳社会各类人员就业 544.7 万人，形成固定资产 1030 多亿元，实现社会增加值 493.1 亿元。

更重要的是，社会组织在推进社会和谐发展，缓解体制转型过程中的社会危机中起着黏合剂作用。首先，社会组织利用社会资源为人民群众提供特定的公共服务，满足了社会的差异化和多样化需求，弥补政府公共服务的不足。改革开放以来，我国政府的角色逐渐由"划桨者"转向"掌舵人"，由管控转向服务，但它的服务远远满足不了各个阶层群众的需求。社会组织在组织力度上更加具有弹性，行动力较强，更能贴近群众；在性质上具有一定的慈善性和志愿性，能够凝聚人心，依靠道义力量广泛吸引、发掘和运用社会资源，具有强大的社会动员和资源整合能力；在提供公共服务的品种和方式上，它与政府又有很大差别，社会组织能提供更加丰富多样的、差异化的服务，弥补政府没有提供、不想提供或无力提供但却是公众需要的服务，使得公共服务和公共产品的提供从形式到内涵得到进一步完善。比如，在抗震救灾和灾后重建方面，政府的主要精力一般放在提供硬件设施上，而社会组织则更关注心理救助等软性服务；在提高农村基础教育水平上，政府的主要精力是加大对农村教育经费，师资力量、办学条件的支持，而社会组织更多关注农村学生的学习氛围和精神状态。

其次，社会组织在推进公民有序地参与公共决策，提升公民的自治和参与意识，帮助弱势群体进行利益表达，缓和政府和群众的关系，促进政府和民众的沟通等方面起了重要的桥梁作用。社会组织是公民除了政府和单位等体制之外的政治参与的重要渠道，公民借助于特定的社会组织与政府进行沟通、对话和协商，以一种组织化、制度化的方式参与公共政策的制定，有助于构建人民群众—社会组织—政府这一联动的决策机制，提高政府政策的可接受性和民众的认同度，有利于政府政策的顺利有效实施。实践中，公民通过社会组织参与政府决策也是政府对公民政治权利的尊重，各种不同形式与内涵的社会组织能够照顾到不同利益诉求的群众，使得他们的合法权益能够得到合理的表达，有利于维护社会的和谐稳定，推动和谐社会的发展。以暑期各类大学生志愿者组织赴山区支教为例，其活动目的不只局限于体验生活、开阔视野等，还有一种功能是让大学生群体基于第一手调研素材，提供一些有价值的实证调研报告，为政府部门着手教育改革提供信息参考，从而在一定程度上影响政府决策。

最后，在应对公共突发事件过程中，社会组织与政府形成紧密的有效互动，有助于预防和化解社会矛盾。和谐社会不可能完全没有社会矛盾，而社会组织恰恰充当了政府预防和化解社会矛盾的黏合剂。社会组织有助于社会矛盾的预警，社会组织具有“过滤带”、“缓冲带”、“上情下达”与“下情上达”的桥梁作用。一些植根于社区和居民之中的社会组织，体察社会民众的冷暖，洞察社会民众的不满情绪和诸多有可能造成冲突的潜在矛盾，能够把不利于社会稳定与和谐的信息及时反馈给政府或媒体，因而是社会预警系统的重要组成部分。当政府与群众的矛盾突出时，社会组织可作为第三方出面对其进行调解，缓和矛盾和解决矛盾，防止矛盾激化。因此，各类社会组织的良性发展，有利于构成一种社会内在的稳定结构和平衡机制，这是社会发展机制的需要，也是实现社会和谐和社会稳定的需要。

5.1.2 社会组织的恢复发展

新中国的成立，标志着我国政治制度发生了根本性变化，人民群众真正成为国家和社会的主人，开始享有管理国家事务和社会事务的权利，社会组织的发展也进入了一个崭新的历史阶段。

新中国成立初期，我国的社会组织具有较大的发展，一是颁布和制定了各种法律法规促进了工人、农民、妇女和青年团体等组织的发展。1950 年中央人民政府颁布的《中华人民共和国工会法》明确规定了工会的法律地位和组织原则，大大地促进了工会组织的发展。同年颁布的《中华人民共和国土地改革法》和《农民协会组织通则》明确规定了农民自己的合法组织是农民协会，并对农民协会的性质和任务等各方面作出了具体规定，到 1952 年底，农民协会会员仅华东、中南、西南、西北四大行政区就已达 8800 万人。民主妇联、中华青年联合会发展也很迅速。二是经济、科技、文化及其他社团不断新建和发展。截至 1956 年，全国工商联直属组织中有 21 个省、2 个自治区、3 个直辖市已建立了工商业联合会；截至 1957 年底，中华全国自然科学专门学会联合会已有 42 个专门协会，35 个地方分会，各专门协会分会 758 个，会员达 92500 人。三是外交及归侨、侨眷社团蓬勃兴起，各种公益和宗教社团相继在恢复中发展。1952 年中国红十字会恢复了国际红十字运动中的合法席位，各种福利救济团体也慢慢兴起。各种宗教协会也纷纷成立，在协助政府贯彻党的宗教政策，维护民族团结和国际交流方面作出了贡献。

20 世纪 50 年代末至 1978 年，新中国成立初期各种社会团体出现的良好发展局面逐渐受到损害。在反右扩大化期间，各种社会团体数量基本没有增加，发展势头受到严重阻碍，除领导的特别关怀和国际交流的需要使得一些团体得以继续发展之外，其他团体基本上处于停滞状态，社团正常的活动被迫中断。反右扩大化后，许多团体的各级负责人被划为右派分子，使得他们在自身的政治、学术和社会活动中受到了严重的束缚，也失去了参加社团的权利，而且也导致社会团体的其他成员不敢积极参加社会团体活动。20 世纪 60 年代初，中央摘掉了部分右派分子的帽子，各种社会组织曾经一度出现活跃的局面，但是这种状况并没有持续多久很快就被打破。“文革”期间，中国的社会团体组织的活动全部中断，各种团体的负责人和许多成员被打成了“走资派”、“资产阶级分子”、“牛鬼蛇神”、“反动学术权威”等，被揪斗、监禁、关押甚至被迫害致死，各种学术、文艺、教育甚至自然科学的活动都用阶级斗争的标准去衡量，都成了资本主义复辟的活动，使各种社会组织失去了应有的社会环境和氛围。

“文革”结束后，随着政治、经济和社会生活逐步正常化，社会团体开始逐渐恢复，并进入快速发展的阶段。率先恢复组织和活动的是人民团体和部分全国性的团体，如，1977 年中国科协逐步恢复工作。据不完全统计，1978 年恢复成立的学会、研究会及分科协会共 78 家，1979 年达 249 家。1989 年，国务院颁布了《社会团体登记管理条例》，并批准民政部成立社团管理司，各级民政部门也设立了社团管理机构，建立了社会组织管理干部队伍，并在我国建立起分级的统一登记、双重管理的新体制，随后展开了社团的清理整顿和登记注册，社会组织进入规范管理阶段。1991 年末，经过民政部门复查登记的全国社团共 82814 个。1992 年至 1997 年是我国社会组织快速发展的阶段。但总体上看，我国社会组织发展还表现出总体弱小、服务领域相对集中、区域发展不平衡等特点。

1992 年邓小平发表南方谈话以后，民政部召开了中华人民共和国成立以来首次全国社会团体管理工作会议。1996 年 7 月，中共中央政治局常委会专门研究了民间组织工作。党的十五大报告提出要培育和发展社会中介组织，并以此作为促进经济和政治体制改革的一项重要措施。这一阶段我国社会组织发展的主要特点，一是迅速发展到政治、经济和社会各个领域；二是律师、会计师、评估师等各类中介组织如雨后春笋般发展，行业协会、商会等各类工商行业组织也发展迅速；三是伴随着城市单位体制的逐步解体和社会福利服务社会化改革的深入，“民办非企业单位”开始出现。为加强社会组织的管理，国务院批准成立了民政部民间组织管理局，修订了《社会团体登记管理条例》。

党的十六大以来，在我国加快现代化建设和构建社会主义和谐社会的大背景下，社会组织成长的社会环境、法制环境不断改善，各类政策逐步配套，社会组织的能力和质量稳步提高，形成了自我发展、自我管理的局面，社会组织的数量平均以每年 10%~15%的速度增长，截至 2007 年底，我国依法登记的社会组织达到 38.69 万个，到 2008 年，活跃在教育、科技、文化等领域的学术团体近 4 万个。党的十七大报告第一次使用“社会组织”一词，同时提出在基层民主政治建设中要“发挥社会组织在扩大群众参与、反映群众诉求方面的积极作用，增强社会自治功能”，这为社会组织的发展提供了政治保证，其蕴涵着党的执政理念和国家建设理念的变革。

党的十八大报告指出要强化企事业单位、人民团体在社会管理和服务中的职责，引导社会组织健康有序发展，充分发挥群众参与社会管理的基础作用。这为我国社会组织进一步健康发展提供了新的思路和方向。

5.1.3 培育规范并重

整体而言，当前我国在对社会组织的性质、作用和管理思路的准确把握方面，已经取得了明显进步。但培育和发展社会组织是一件复杂的社会工程，必须统筹兼顾，持之以恒地改革创新，才能获得实效。

党的十八届三中全会指出，要推进我国社会组织明确权责、依法自治、发挥作用，适合由社会组织提供的公共服务和解决的事项，交由社会组织承担；支持和发展志愿服务组织；重点培育和优先发展行业协会商会类、科技类、公益慈善类、城乡社区服务类社会组织，成立时直接依法申请登记。

我国社会组织的发展总体上看还存在着一些问题，社会组织培育和发展工作还任重道远。我国不少社会组织或是由党政机构创办，或者是从党政机构或事业单位直接转型而来，社会组织独立性不强。部分社会团体在业务上接受政府相关部门的领导，部分从机关法人转变而来的社团法人甚至保留着“二政府”的性质，如我国目前正部级的学会、协会并不鲜见。因此，在资源供给、职能配置、活动方式、管理体制等许多方面，都严重依赖政府，成为政府的附属机构，难以独立发挥公共服务和公共管理作用，对社会公共生活的实际影响力有限，尚未得到社会的广泛认同。

同时，国家目前对社会组织实行登记管理部门和业务主管单位双重负责的体制设计，这种设计造成社会组织进入社会的门槛过高，使许多具有“合理性”的组织，难以取得“合法性”正名而游离在制度保护之外。我国对社会组织的规范主要依靠国务院颁布的几部立法层次较低的行政法规，造成现实中部分社会组织发展无法可依的困境，法律体系的不健全直接导致了现实中社会组织主体地位的缺失。譬如《社会团体登记管理条例》规定，社会组织登记要有一定数量的资金、人员、住所等，这使得一些新生的、尚弱小的社会组织难以成为合法登记的组织。再者，一些政府部门不放心、不愿意让社会组织来承担一定的公共服务工作，对应该转移的公共服务和公共管理职能放权不够，使得社会组织对公共服务的参与度较低，在一定程度上制约了社会组织的健康发展。

另外，现阶段我国社会组织自我造血功能不足，资金和专业人才匮乏，需要政府、企业及其他社会力量给予帮助和扶持，但地方政府和企业在这方面着力不够，从而使得不少社会组织处在艰难维持、自生自灭的状态之中。长期以来，社会组织管理部门人员少、部门级别较低、工作精力分散，对社会组织的管理工作中存在重登记、轻服务、少管理、无监督的倾向，导致社会组织监管力量与监管需求不相适应。如“郭美美事件”之后，人民群众对红十字会产生了相当程度的不信任态度，此类事件表明社会组织的监管缺失对社会组织的发展是不利的。

针对社会组织发展中存在的这些问题，当务之急是落实党的十八大和十八届三中全会精神，把社会组织的培育与规范并重，寻找一些符合现阶段国情的对策。要通过政策创新，为培育和发展社会组织营造外部环境和制度基础。社会组织的各种活动要健康顺利地开展，除了需要凭借社会组织自身与公众的天然联系和良好信誉外，也需要政府为其提供好的外部环境和制度基础。各级政府要制定一些旨在适度降低准入门槛的政策，来培育符合条件的弱小社会组织的成长；针对我国社会组织活动领域狭小、资源配置能力不强，难以独立发挥其作用的问题，政府应制定一些旨在扶持社会组织的措施和政策；针对社会组织监管力量与监管需求不相适应问题，政府应该发挥其服务职能，鼓励新闻媒体、人民群众和其他社会团体对各种社会组织进行监督、评价，让社会组织的运作形成一种体制外的监督压力，同时，政府应该对社会组织活动的指导思想、目标任务、操作措施和工作要求进行引导、规范和明确，使政府对社会组织的监督落到实处。

政府还应切实履行为社会服务的职责，调整和改革社会组织管理机构，将更多的管理资源配置到社会组织管理工作中来；吸引和培育优秀的管理人才，提升社会组织工作人员的工作能力和服务水平，使其能够对社会组织进行科学有效的指导；积极为社会组织的孵化培育和开展日常活动提供平台，解决社会组织发展初期工作场地匮乏，经费紧张等问题，促进社会组织发展壮大。

政府还应以前瞻性的视界重视我国社会组织的虚拟化扩展趋势。我国社会组织生长于信息时代，计算机和手机互联网通过电子邮件、聊天室、微博、微信、新闻组和虚拟俱乐部等方式，为人们提供了一个超越物理空间的平台，利用网络平台人们可以组织各种正式和非正式社团。这些虚拟社团以其社会技术性、个体化等特点，便于更多的公众参与。这一趋势对政府规范社会组织提出了新的更高要求。

5.2　推进社区建设

知名的芝加哥学派曾将社区作为连接环境和人口的生活

方式的概念，用以分析美国城市社会生活的结构和样态。该学派认为，那些体现人类社会生活组织形式共同体和体现人类群体空间分布、生存格局的聚落，构成各个相对独立和完整的微观社会——社区。一般认为，通过人际互动和公共参与透射出来的异质性是社区的本质特征。此外，社区还具有区域性、流动性、自治性、世俗性等特征。在国家民政部于1986 年初召开的武汉会议上，“社区”概念首次被引入中国政府职能部门(民政部)的实际工作中。1991 年进而提出社区建设的思路。2000 年，中共中央办公厅、国务院办公厅转发了《民政部关于在全国推进城市社区建设的意见》，指出社区建设是指“在党和政府领导下，依靠社区力量，利用社区资源，强化社区功能，解决社区问题，促进社区政治、经济、文化、环境协调和健康发展，不断提高社区成员生活水平和生活质量的过程”。

5.2.1　社区的功能

社区是现代社会的细胞，是社会赖以存在和发展的重要基础，它的发展状况一定程度上标志着国家的现代文明程度和社会生活质量，对社会的发展具有深远的影响。现代意义上的社区是一个相对独立的地域性生活共同体。置身其中的社会成员具有共同的权利义务、共同的生活空间、共同的精神纽带，感情相依、利益相连、出入相邻、守望相助、危困相扶。社区这一概念还暗含着政府权力的淡出，社会自治组织能力的提升，体现的是社会的自助、自主、自治，是社区居民对社区发展责任的共担和社区发展成果的分享。社区的功能主要表现在以下几个方面：

一是政治功能。社区具有政治稳定、政治传导和政治参与功能。现阶段我国正处于各种累积性社会矛盾凸显期和集中多发期，这些矛盾和问题如不能及时有效地解决，将会直接影响到我国的政治稳定和政治发展。社区组织通过开展大量的宣传动员和思想政治工作，协助政府有关部门把国家法律、政策的基本原则和精神落实到社区居民，引导社区居民积极参与到社会管理实践中，使居民了解、接受并能自觉地遵守国家的政策和方针，从而有效化解各种矛盾，协助政府维护社区乃至整个城市社会的稳定。同时，社区的政治功能还表现在其在居民自治中发挥的作用。社区自治是一种低成本的自我管理，社区的各种利益相关者通过民主协商合作的方式处理社区公共事务，自我服务、自我约束，有利于扩大公民有序的政治参与，有利于加强基层民主建设。

二是经济功能和文化功能。以服务业为主的社区经济可以容纳可观的人口就业，是提高居民生活质量的重要途径，也可带动社区乃至更广区域的经济发展。社区文化具有基础性、群众性、广泛性和草根性，发挥着其他文化不可替代的作用。社区也可成为国家主流思想文化传播的重要渠道和阵地，有益的社区文化活动间接宣传了主流文化和大众文化，有利于在社会中树立正气，凝聚社会正能量，营造一种布满温情的社会氛围，有利于培育社区居民的集体主义精神，增强社区的自豪感、归属感和凝聚力，能够有效消除由于社会急剧分化而形成的社会离散现象。

三是社会保障和社会服务功能。政府在转变职能的同时，管理重心下移，但它不可能对社会各方面监管都面面俱到，通过社区和社区组织，利用国家保险、优抚和救济政策使社区的老年人、妇女、儿童、残疾人、各种疾病患者、军属烈属都能得到相应照顾，确保社区居民的基本生活，维护他们的基本生活权益。同时，社区承担着社区的综合治理和司法调解、医疗卫生服务、精神文明建设等职能，为居民的生活提供各种便利条件，为驻区单位和企业创造良好的工作环境，使他们意识到社区利益与自身利益密切相连，从而达到社会整合的目的。

5.2.2　社区建设的旨趣

在构建社会主义和谐社会的语境下，社区建设或社区发展作为一种具有导向性的区域性的社会变迁，指向执政党、国家和生活的三者间的伙伴关系，指向安居乐业、守望互助的和谐氛围以及累积地方性传统和维系归属感等。如前所述，社区功能正在逐渐发育，政府在社区的管理事务面临重新定位，社区的基础性作用日益明显和突出，社区的多元性和相对自治性逐渐得以显现。新形势下的社区在社会、政治、经济以及市民生活中的分量越来越重，中国共产党要继续巩固执政地位，强化执政基础，就必须实现社会管理沉潜到基层社区的转移。

社区建设的旨趣和目标，是通过对社区的建设和发展而力求达到的一种未来状态。社区建设显然应紧扣“社区人”这一核心，以此为出发点和归宿，充分发挥社区居民的主体性作用，调动居民的主动性与创造性，使社区建设的过程成为社区居民主动参与的过程，使社区建设活动成为社区成员以自己的努力解决自身生活问题的自觉活动，成为依靠社区自身力量以民主方式达成自我管理、自我发展的过程。

社区建设应以个人生活需求的满足与个性的全面发展为旨归，以人的生活质量、个性发展作为社区建设的基本评价指标，在充分满足个人的生活需要与个性的全面发展的前提下，兼及其他社会功能。因此社区建设的目标和旨趣应该是在以人为本原则的指导下，社区成员通过自身的创造性活动解决社区问题、发展社区文化、提高社区生活质量、增强社区凝聚力。

人文发展是社区建设的最高旨趣，也是贯穿社区建设始终的目标，为此须完善社区功能，使其发挥整合社会关系、调适人格，消除文化冲突，促进社会进步的作用。在发达国家的社区建设运动中，社区功能的完善、社区要素的强化、社区机能的改善被视为社区建设的一个重要目标。社区功能的完善主要表现为：社区管理体制的完备，社区组织体系的健全，社区经济、政治、文化事业的发达，社区福利、保障、服务事业的完善，社区公共参与机制的健全等方面。

通俗地讲，社区的社会化目标就是为政府分忧、为企业减负、为社会解难。把握好社区建设的目标和旨趣，需要处理好社区建设与和谐社会建设的互动关系。社会不断规范着社区，社区也会不断影响着社会。在构建“民主法治、公平正义、诚信友爱、充满活力、安定有序、人与自然和谐相处”的和谐社会中，社区是社会的细胞，是社会的矛盾汇集地，是建设和谐社会的任务落实地。但社区不能全能化，超过了一个社区能够承载的能力范围，所以社区应有所为有所不为。此外，要从与时俱进的角度来把握社区建设旨趣。社区建设是一个由低到高、逐步完善的过程，而非一劳永逸。随着经济发展，群众物质文化生活水平的不断提高，社区的内涵将不断被赋予更新、更高、更多的内容，只有以与时俱进的思想去认识、去指导社区建设，我们才能正确把握社区建设的旨趣。

5.2.3 培育成熟社区

党的十七大报告要求要把城乡社区建设成为管理有序、服务完善、文明祥和的社会生活共同体，党的十八大报告指出要改进政府提供公共服务的方式，加强基层社会管理和服务体系建设，增强城乡社区服务功能，党的十八届三中全会指出要促进群众在城乡社区治理、基层公共事务和公益事业中依法自我管理、自我服务、自我教育、自我监督。这为我国新时期培育成熟的社区提出了更高要求和希望。

培育成熟社区是一项极具综合性的系统工程，涵盖整个社区的全方位建设，包括社区服务、社区环境、社区秩序、社区治安、社区民主、社区法制、社区文化教育、社区体育、社区卫生和社区组织等方面的建设；培育成熟社区的方法和手段有经济手段、行政手段、文化手段、社会手段等，也极具综合性。

其一，加强和改进社区服务建设是培育成熟社区的重要前提。随着社区建设的兴起，社区居民需求日益多元化，传统的单一的社区管控功能逐渐被现代管理机制淘汰，服务社区、服务社会成为社区组织的主要任务。这就要求社区组织根据居民需求来制定服务项目，而不是追求千篇一律。针对社区实际与居民实际需求来提供相应的服务，有助于提高社区自我管理、自我服务的能力，促进社区居民参与社区建设的积极性，增强社区成员的归属感，推动社区民主自治建设。

其二，培育成熟的社区需要营造一个良好的社区环境。良好的社区环境不仅指社区有一个清洁整齐的自然环境，更是一个民主法治、公平正义、诚信友爱、充满活力、安定有序的社会小环境。在改善自然环境方面，需要政府加大对社区外部环境建设的投入，确保社区人与外部世界的和谐衔接。同时对社区内部环境营造提供必要的示范和引导。在改善社会环境方面，要加强社会治安管理工作，完善社区治安防控体系。社区治安是存在于警方和社区之间的一种互动过程，通过警察工作与社区治安自治工作的有机结合，能够有效控制和减少社区犯罪，形成安全的治安环境。社区也是突发事件发生的最前沿，要建立健全矛盾纠纷排查、调解、处理机制，做好社区群体性治安事件的预防控制工作，加强社区流动人口的管理，做好社区刑事案件先期处理工作，建立完善的社区治安防控体系建设评估指标，预防突发性、群体性事件的发生，为社区创造一个良好的社会环境。

其三，培育成熟社区需要加强社区文化建设。政府应指导社区以建立图书室、阅览室，或以邀请专家学者举办社区文化讲座等形式，来满足社区居民的文化需求。充分调动居民参与社区文化活动的积极性，鼓励社会力量参与社区文化建设，丰富社区文化活动的形式和内容，引导社区居民为社区文化建设建言献策，因地制宜地开展社区文化建设，让社区人知晓并认同党和国家的大政方针以及符合社会主义核心价值观的文化符号，使居民远离庸俗的、低级趣味的、对人与社会有害的文化，使社区形成一个良好的文化氛围，为社区经济、政治的发展营造良好的文化氛围。

5.3　根植于公共参与

当前，与当代中国经济社会整体发展程度不协调的现状相适应，我国政治参与的发展尚处于初级阶段。公众参与与现有政治体制间的关系还存在一定程度上的紧张，有时甚至会走向体制外并以冲突的形式体现出来。但总体趋势是公民基于自身利益的有序、有效的实际参与，由被动参与向主动参与转型，政治参与的主体日益多元化，参与方式和参与渠道选择日益多样化。

5.3.1　共驻共建

社区作为社会基层组织，加强社会民主政治建设着眼点在社区，因此社区的公共参与程度、参与质量和参与效果直接决定了我国基层民主发展水平。但是社区民主政治建设和公共参与绝非闭门造车、故步自封，社会的发展也需要我们在各种建设和治理理念上与时俱进，不断创新。

在基层党组织的引导下，基层政府或社区把社会闲散资源加以整合，对社区的人力、物力、财力加以优化，建立社会单位与社区交流协商互动的工作机制，让社会组织参与到社区的建设和发展过程中，共同开展形式多样的文化、教育、体育、卫生等社会活动，共同开展社区公益事业建设，共谋社区发展，形成资源共享、优势互补、相互支持的良好的社会联动环境，促进社区民众自主意识的提高，让社会外部力量参与到社区监督、社区治理上来，形成一个良性的共驻共建氛围。

虽然共驻共建是理论和实践上的新生事物，但是却深受广大人民群众和社区组织的欢迎，一方面，相对于社区居民日益增长的物质文化生活需要，社区资源供给相对有限；另一方面，又存在着大量长期闲置的社区资源，得不到充分整合和有效利用。共驻共建要求政府或者社区管理者把社区居民、驻社区单位、社区组织和政府等不同主体所拥有的各类资源整合在一起，使之成为社区掌握、支配和动员的资源，提高其使用效率和利用程度，从而有效地克服社区资源的有限性与社区需求的多样性之间的矛盾。

近年来，我国很多地方根据当地不同的社区资源情况做了很多有益的共驻共建尝试。有的社区内就有民办企业，因此当地社区就与企业形成联动，让企业职工与社区群众形成稳定的交流机制，定期举办各种活动，增加职工与居民之间的感情，同时，企业利用自身优势为居民提供技能培训，让当地居民在家门口就能上班；有的社区临近医院，社区党组织就和医院党委之间形成良好的交流机制，让社区成为医院党委走群众路线的实践基地，社区的老弱妇孺得到医院的及时照顾，社区其他居民也能享受到如定期体检的便利；更有的社区临近大学校园，在校大学生可以常去敬老院看望老人，大学教授也可以举办社区讲座丰富社区的业余生活。

深入开展共驻共建活动，需要提高共建认识，营造良好的共驻共建氛围。还要培育一批有活力、有特色、有成效的共建典型单位，并通过典型引路的方法，引导驻区或临区单位、居民群众积极参与共建。开展共驻共建活动，还需立足社区实际，不断创新载体，增强共驻共建活动的吸引力，提高其有效性，以达到相互联动的目的。党员是社区党建工作的主力军，其作用发挥如何，直接影响到共驻共建活动的成效，因此抓好党员这个载体是首要任务。更重要的是，开展共驻共建需要建立健全各项制度，明确共驻共建双方的责任，健全相关合同规定，使社区共驻共建具有制度保障。

5.3.2　社会治理的主体

从“党委领导、政府负责、社会协同、公众参与的社会管理格局”中，不难发现，中国特色社会主义社会治理的主体是多元的。社会治理的主体主要有执政党、各级政府、社会组织和公众。其中党是领导核心，政府是主导力量，社会组织是重要主体，公众是基本主体。显然，政府不再是社会的唯一管理者，它要依靠市场机制、社会组织、民众来共同治理社会公共事务，以使整个社会达到稳定而有序的运行状态。

党委是我国社会治理的领导核心，充分发挥“总揽全局，协调各方”的领导核心作用。社区党建作为“总抓手”，涉及社区建设各个方面，内容广泛，其中的关键是找准党建工作与社区人共同关心事务的结合点，多做社区想做而没有做、不便做或做不到的工作，增强党建工作的针对性、生动性和有效性。“共驻共建，共享和谐”就是新形势下促进社区建设可持续发展的一条有效途径。

就新形势下社区与执政党的关系建构而言，社区建设愈益成为执政党制定可持续发展战略的重要内容，社区也愈益成为中国基层民主政治发展的重要动力。如何在不过分干预社区事务的同时又避免出现社区与国家相疏离的倾向？如何使执政党的主导意识形态与社区文化建设声气相通并进而代表先进文化的方向？如何以现代执政意识去创新社区党组织的领导方式和属地管理方式？如何发挥党对社区建设的组织支持与组织导向作用？如何以创新精神组建党的工作向社区延伸的组织载体从而从根本上巩固党在城市基层的执政基础？如何在多元的社区结构中拓展党组织的发展空间并增强其渗透力？如何有效实现社区党建与基层民主政治建设的对接？凡此等等，无一不是当前社区党建所面临的问题和挑战。总之，党和政府要对反映在社区中的社会变迁作出结构性回应。

政府作为社会治理的主体，要切实负起责来。在社会治理格局中，党的领导作用主要是通过政府来实现的，党的整合力在很大程度上体现在政府身上，党要加强对政府工作的领导，及时研究政府工作中的重大问题，把党的意志和主张体现在国家的法律法规中，支持政府依法行政，履行社会管理的职能。统筹协调好党政之间的关系，使党政双方各司其职，各尽其责，相互配合，形成合力。

随着政府职能的转变，政府必须有所为，有所不为，提供与市场经济体制相适应的政府公共服务和社会治理。政府可以通过合同外包等形式，将某些公共服务职能转交给民间组织，既可以有效降低公共服务的成本，还可以提高公共服务的质量。如广州市从 2004 年开始试点的社区养老社会化服务模式，以居家养老为基础，以街道社区服务中心为依托，以义务服务和便民利民网点为服务资源，以上门服务和日托护理为主要形式，使在家的老年人获得社会化的养老服务。

“社会协同”的“社会”，包括上述概念上的社会组织，还包括各类企事业单位、人民团体和城乡基层自治组织等。各类企事业单位尤其要强化社会管理和服务职责，各类社会组织须加强自身建设、增强服务社会的能力，人民团体要积极参与社会治理和公共服务。

作为社会治理主体的公众，当前主要是通过基层自治和选举，参加政党、社团和民间组织以及志愿者组织等参与社会管理活动，行使和履行自己的权利和义务。基层自治是人民群众进行社会管理的主要方式，包括城市社区、村民委员会自治及其他各行各业自治。20 世纪 90 年代以来，我国在城乡基层推广居民委员会、村民委员会直接选举，在工矿企业实行厂长等负责人直选。近年来基层选举已经扩展到县一级。据最新统计，我国城市社区超过 10 万个，几乎全部实现了直选，农村有 58.9 万个村委会，其中 98%以上实行直接选举。民主选举和基层自治已成为人民群众参与我国民主政治建设的一项重要内容。加入政党组织并参与政党政治，加入社团和其他组织，也是我国公民参加社会管理的重要方式之一。作为社会治理主体的公众还可以通过参加志愿者组织间接实现自己管理国家事务和社会事务的权利。信访和诉讼是我国公民有效地参与政治并捍卫自己的合法权益不受侵害的重要渠道和手段。

在自媒体时代，公民还可以通过信息网络等高科技手段参与社会治理，影响政府的社会管理决策。截至 2013 年 6 月底我国的网民规模达 5.91 亿，他们通过网站、论坛、博客、微博、QQ、微信、邮件等形式掌握各种社会信息，也通过网络表达他们的观点和看法，网络民意也是政府制定各项决策的依据之一。党的十八大以来，全国各地开展的“打老虎”行动很多就得益于网民提供的线索和证据，而且中纪委已经开通了举报网站，并优先受理实名举报的案件，如《财经》杂志主编罗昌平在微博上举报原国家发改委副主任、国家能源局局长刘铁男腐败问题，最终使得中纪委对其严重违法问题进行立案调查。

“党委领导、政府负责、社会协同、公众参与”的社会管理格局，体现的是社会管理主体的多元化。各主体在社会管理中分工协作，良性互动。这一格局的建构和完善，将促使国家权力向社会回归，这也是一个还政于民的过程。

5.3.3　扩大公众参与

公众参与是多元社会治理主体共治的重要内容，是法治国家发展的一种有效的民主形式。多元化利益需要多种形式进行表达、沟通、交涉，作为制度化安排的公众参与正成为社会的迫切需求。它能够有效避免或化解政府决策失误引发的社会矛盾和问题，矫正政府在市场经济背景下片面追求经济利益而忽视公民的基本权益问题，防止政府在制定政策过程中因越位、错位而带来的危害社会公平公正问题。因此，公众参与理念的兴起和实践展开，得到了自上而下的鼓励和自下而上的推动。

成立于 2004 年的北京大学公众参与研究与支持中心，

是一个独立的非营利性学术研究机构，以提倡公众参与理念、推动公众参与实践、支持公众参与活动、观察和研究公众参与进程中的问题为己任，促进富有意义的公众参与制度建设。2008 年 5 月，《中华人民共和国政府信息公开条例》施行，中国开放政府建设进入新的阶段。为推动条例实施，促进公众行使知情权、参与权和监督权，实现政府开放与公众参与的双向互动，该中心启动了“政府信息公开公众支持”项目，开通了国内首条政府信息公开免费咨询热线，深入苏、粤等省的基层政府举办信息公开工作培训，组织了条例实施全国圆桌会议，编撰了中国行政透明度观察年度报告，发起首都机场高速公路收费信息公开申请。各项公众参与活动取得了广泛的社会效益和法律效果。

着眼于发挥公众参与对构建和谐社会和全面建成小康社会的应有作用，须积极探索具有中国特色的公众参与模式和方式。

首先，要积极培育公众的参与理念和参与文化。要达到公众参与的应有效果并真正彰显公众参与的实质性内涵，就要形成一个成熟的公众参与理念和参与文化。对于党和政府而言，结合新中国成立以来的公众参与的经验与教训，坚持马克思主义群众观点，走群众路线就显得十分必要；对于公众而言，要培育积极参与社会治理的公众参与意识。

其次，要逐步形成公民参与规范化、法制化，参与主体多元化、组织化，参与方式多样化的格局。解决社会问题不仅仅需要提高政府的社会治理和公共服务能力，也需要扩宽公众公共利益表达的渠道和建立公众参与的反馈机制。社会各个不同阶层的利益诉求得到有序的表达决定了公众参与主体的多元化。党的十八大报告指出要建立健全党和政府主导的维护群众权益机制，畅通和规范群众诉求表达、利益协调、权益保障渠道。畅通群众诉求表达，就必须使参与主体多元化，尽可能地扩大公众参与的范围，创造条件使之以组织的形式参与到国家的政治生活中来。同时，在涉及社会公共事务和公共利益的领域，只有各种利益相关者以各种不同的方式积极参与公开讨论和协调并达成共识，才能最大限度地显示、聚合公众需求和公共利益，提高公共利益分配的公平性、公正性。

在自媒体时代，公众最愿意用什么渠道参与反腐？《中国青年报》社会调查中心通过民意中国网和腾讯网，进行的一项在线调查显示，调查中排在首位的是网络曝光，接下来依次是举报、媒体曝光、信息公开、信访、审计。公众通过互联网参与反腐败，业已得到国家层面的认可。2009 年，中共中央党校出版社出版发行的《党的建设辞典》正式收录了"网络反腐"这一词条。党的十七届四中全会通过的《中共中央关于加强和改进新形势下党的建设若干重大问题的决定》明确指出，要"健全反腐倡廉网络举报和受理机制、网络信息收集和处置机制"。网络反腐借互联网人多力量大的特点，携方便快捷、低成本、低风险的技术优势，更容易形成舆论热点，成为行政监督和司法监督的有力补充。

最后，要积极探索和建立中国特色的公众参与模式。要结合新中国成立以来历史上成功的公众参与经验，合理借鉴外国先进的理念和做法，但是不宜照搬。探索、总结和构建具有既符合中国国情和文化特征又行之有效的公众参与模式与方式。中国地域辽阔，人口和民族众多，各地政治、经济、文化发展不平衡，使得公众参与人数、参与途径、参与方式、参与程度、参与效果等方面都呈现出较大差异性，这需要创新公众参与理念，总结、提炼和推广适合中国国情和发展阶段性特征的公众参与模式。

推进社会治理创新，事关改革发展稳定大局，事关民生福祉大计，事关科学发展大业。创新社会治理机制，要着眼于解决影响社会和谐稳定的源头性、根本性、基础性问题，着力推进群众利益维护机制、社会矛盾有效预防和化解机制以及旨在维护群众权益的食品药品安全机制的创新。

第6章　机制的完善

创新社会治理，化解社会矛盾，达致社会和谐，须把握改革和完善体制机制这一关键。党的十八大报告提出，提高社会管理科学化水平，必须加强社会管理法律、体制机制建设。党的十八届三中全会着眼于维护最广大人民的根本利益、最大限度增加和谐因素、增强社会发展活力，作出了创新社会治理体制的新部署。

6.1　群众利益维护机制

社会治理的治本之道在于发展经济、保障和改善民生，从源头上减少社会矛盾和问题。同时，“建立畅通有序的诉求表达、心理干预、矛盾调处、权益保障机制”，① 才会使群众问题能反映、矛盾能化解、权益有保障，使社会矛盾和问题不断得到及时化解和向好的方面转化。

6.1.1　利益分化的年代

对于利益的解读，中外思想家历来众说纷纭。中国古代思想家曾从“食色，性也”和生存需求、传宗接代等角度阐发识见，如荀子曰“人之性，生而有好利”，韩非子讲“自为心”。18世纪法国的爱尔维修试图从利益入手寻找历史的谜底，他坚信一切斗争、冲突的背后都有利益因素，利益是推

① 《〈中共中央关于全面深化改革若干重大问题的决定〉辅导读本》，人民出版社2013年版，第49页。

动历史前行的唯一驱动力。亚当·斯密从自然人(经济人)和社会人假设出发，得出了任何人均兼具利己和理性两大特性的论断。功利主义者边沁则断言，个人利益优先于集体利益。

马克思和恩格斯在《神圣家族》、《资本论》等著述中表达了两个观点，一是任何政治利益都是一定物质利益的反映，二是利益的本质要从社会经济关系来阐发。在《共产党宣言》里，马克思阐发了无产阶级政党的利益观，即工人阶级没有自己的私利，其根本、长远利益在于消灭私有制，兼顾最近利益和长远利益，利益是思想的基础，利益纠纷是斗争的物质根源，利益决定并支配政治权力，财产关系体现利益，等等。

改革开放极大地改变了中国的面貌、改善了中国人民的生活，而且深刻地改变了中国的社会结构，我国的经济结构、城乡结构、产业结构、阶层结构发生了重大变化，经济成分、就业方式、分配方式、组织形式日趋多样化。我国经济结构发生重大变化，公有制为主体、多种所有制经济在市场竞争中共同发展的局面基本形成。因此，经济体制深刻变革，社会结构深刻变动，利益格局深刻调整，思想观念深刻变化。

改革开放引起中国利益关系格局的深刻变化，有论者直陈“中国进入利益分化的政治时代”、“中国开始进入利益分化和利益博弈时代”。利益分化的年代中形成诸多利益群体，是新时期社会变迁的一个重要特征。清华大学的李强教授认为，中国出现了四大利益群体，即社会底层、利益受损群体、普遍受益集团、特殊获利集团。从总体上说，我国利益主体的多元化主要表现为国家、地方、单位、群体、个人都成为一级利益主体。不同利益主体之间的利益差距呈现出不断扩大的趋势，出现贫富两极分化趋势。目前，我国正从一个利益相对均衡的社会进入利益分化严重的社会。在改革的深水区、雷区或攻坚阶段，社会各阶层收入分配差距的不断扩大，使利益关系问题更具广泛性和复杂性。

党的十七大报告指出，“影响发展的体制机制障碍依然存在，改革攻坚面临深层次矛盾和问题；人民生活总体上达到小康水平，同时收入分配差距拉大趋势还未根本扭转，城乡贫困人口和低收入人口还有相当数量，统筹兼顾各方面利益难度加大”。① 报告还提到，劳动就业、社会保障、收入分配、教育卫生、居民住房、安全生产、司法和社会治安等方面关系群众切身利益的问题仍然较多。利益主体多元化后，利益分化和利益冲突就不可避免。因此，社会各阶层的利益表达与利益诉求，就越来越成为一个基本的公共需求，越来越促使执政党要真诚倾听群众呼声，真实反映群众愿望，真情关心群众疾苦，从赢得民心、增强民意基础的政治高度，切实有效地发挥政党利益表达和利益整合的功能。

6.1.2 利益表达机制

党的十七大报告在论及公民权时，增加了一个表达权，即要保障人民的知情权、参与权、表达权、监督权。② 党的十八大报告沿用了这一表述。确保公民行使表达权，需要形成有组织、有秩序的利益诉求机制，搭建平台，畅通表达渠道。

利益表达，是指各个社会阶层的人，通过一定的渠道和方式向政府、执政党和社会组织机构表达自身利益要求，以求影响政治系统公共政策输出的过程。利益表达机制就是在承认个体正当利益的基础上，允许社会成员通过正常合法的渠道和方式表达利益诉求的机制，具体包括如下四大要素：

一是利益表达主体。利益表达主体是构建利益表达机制的基础性因素，它是由承载社会不同利益的阶层、群体和个人构成的，具体可分为个体和团体两种。利益表达团体由于其自身广泛的代表性，能增强利益表达的分量，还可降低利益表达的成本，提高利益表达的效率。目前，我国利益表达的团体数量不多，主要集中在工会、商业或工业服务组织等，而像农民这一弱势群体尚未建立自己的团体。所以，要培育各类社会团体，特别是代表困难群众的社会团体，建立

---

① 《十七大以来重要文献选编》(上)，中央文献出版社 2009 年版，第 10 页。

② 《十七大以来重要文献选编》(上)，中央文献出版社 2009 年版，第 23 页。

社会团体的支持性机构和监督性机构，赋予其利益表达和维护者的权利和义务。

二是利益表达客体。利益表达客体是利益表达主体进行利益表达活动所指向的对象，没有利益表达客体，利益表达主体的利益表达就失去了目标。利益表达客体须具有相对独立性，能够独立行使职责，公正发挥作用，否则会出现意想不到的结果，也会影响利益表达主体的表达积极性，甚至会阻碍利益表达信息的进一步传播，对执政党政策和政府决策产生负面影响。

三是利益表达渠道。利益表达渠道是利益表达主体向政府、执政党或者其他社会组织表达自身利益诉求的途径和中介物。在我国，利益表达渠道主要有两种途径：一种是利益组织化表达，另一种是公开舆论表达。利益组织化表达又可以分为行政组织和社团组织。行政组织主要是指人民代表大会、政治协商会议以及信访机构等，在实现社会利益表达方面，其有效性还亟待提高。许多群体性事件表明，在这些事情未发生之前，有群众向政府及其代表机构表达了自身诉求，有的甚至经过了艰难、漫长的信访，但是问题能够解决的不多，以致积聚更多的爆发力量。社团组织由于自身的组织程度低，又带有一定的自发性和依附性，导致在利益表达方面软弱无力，难以达到预期效果。公开舆论表达主要是指通过电视、网络、报纸、电台、微博、微信等新老传播媒介表达利益的一种渠道，目前呈现越来越多的发展态势，且往往存在着随机、无序、放大的特征。利益表达渠道畅通与否，决定着政府能否及时全面准确地搜集、分析群众的思想动态、心理情绪、意愿诉求。利益表达渠道一旦狭窄，就将阻碍利益表达信息的传递和处理。

四是利益表达方式。指利益表达主体通过某种方式把自己的利益诉求向利益表达客体表明的一种行为。利益表达方式可以分为理智型、情绪型的利益表达方式。理智型的利益表达方式，是指利益表达主体能够自觉地把利益表达视为自己的权利和义务，并且在制度范围内按照程序进行表达。情绪型的利益表达方式，是指利益表达主体不能正确理解有限的社会财富无法满足无限的利益要求，往往受到情绪影响，以至于脱离制度规定的范围来进行利益表达。表达方式主要是个体的选择，采取规范的表达方式如果达到了利益表达的目的，自然更多的人会选择这样的表达方式。反之，采取规范的表达方式不能达到利益表达的目的，后来的人将采取与之相反的体制外的表达方式。因此，利益表达机制要有行之有效的规范化表达方式，也就是说利益表达方式的采取，与表达的结果密切相关。

6.1.3 畅通利益诉求渠道

一些地方政府门前的自焚事件、民众阻断交通、围堵政府大门等抗议行动从一个侧面映射出20世纪90年代中期后，改革中一些利益相对受损群体和社会底层民众有利益诉求需要表达，但这些社会弱势群体因社会资源匮乏、人微言轻、没有利益代言人、利益表达渠道狭窄等因素，当自身权益被强势阶层侵犯时，要么束手无策，逆来顺受，要么累积愤懑，采取极端方式抗争，使得执政党孜孜以求的政治稳定、社会稳定与和谐局面蕴含着极大的隐忧。

意大利政治理论家G. 萨托利在其著名的《政党与政党体制》一书中，提出政党最重要的功能是表达功能(作为民意表达的渠道)，而不是代表功能和引导功能。这里的“表达”不是指一般地发出声音，而是指对重要利益诉求必须能够发挥实质性影响。在中国利益关系结构发生深刻变化的当下，当社会各阶层中不同利益群体的利益诉求层出不穷，渐已成为矛盾凸显期的一种常态时，执政党如何才能够“真诚倾听群众呼声”并“照顾到各方面利益、照顾到各方面关切”呢?

通观当下中国社会各阶层林林总总的利益表达，绝大多数聚集在人民群众最关心、反映最强烈的社会突出问题上。虽然从整体而言，执政的中国共产党代表着最广大人民群众的根本利益，并秉承立党为公、执政为民的价值理念，但由于受观念的、历史的和现实的等诸多因素的制约，其在利益表达功能上尚存在着有待改进和完善之处，主要体现为利益表达机制缺失。具体而言，就是利益表达渠道上存在着政策性阻塞、体制性断裂和程序性组织缺乏等三大流弊。

就利益表达渠道的政策性堵塞而言，党和政府的政策在贯彻执行环节往往由于各级职能部门自身利益考量、官僚主义和形式主义等因素而渐趋扭曲走样，政策执行不力、政策失效、政策执行渠道被阻滞使得党和政府的政策不能很好地落实，人民群众难以如愿得到实惠，譬如扶贫款经常被用于修建楼堂馆所，政策性惠农财政补贴被用于填补“面子工程”或“吃饭财政”的缺口亏空，等等，可视为一种“政策贯彻性危机”。就利益表达渠道的体制性断裂而言，“在制度框架内，农民没有直接制约地方权力的机制，因此他们将希望寄托于上层政府机构的重视和解决”。① 基层官员的权力来源和合法性地位源自国家或上级领导部门的任命，造成官员天然地只对上级而不主要对地方百姓的利益负责，“这种只有自上而下的管理而缺乏自下而上的监督机制，是造成下层民众利益表达渠道体制性阻塞的根本原因”，其结果必然造成官员们对群众、尤其是社会弱势群体的利益不负责任。就利益表达渠道的程序性组织缺乏而言，当下中国社会尚未形成习惯性的、成熟规范的利益表达程序。新中国成立之初各级政府建立了人民信访制度，作为人民群众排忧解难、引导下层民众参政议政的渠道，但这种制度安排并不能满足社会各阶层日趋多样化的利益表达。

正确处理新形势下的人民内部矛盾，畅通诉求渠道，完善社会利益协调和社会纠纷调处机制，是构建社会主义和谐社会的一项重要任务。建立全面表达社会利益的机制，引导群众以理性、合法的形式表达利益要求，是完善社会利益协调机制的首要环节。建立完善的利益表达机制，既要充分发挥现有利益表达渠道的功能，也要根据利益群体的发展变化开辟新的利益表达渠道。

为此，要积极引导利益群体理性合法地表达利益，把利益表达机制纳入制度化轨道。建立完善的利益表达机制，需要在制度层面上保障和规范各群众团体、社会中介组织等的职责和权利，使相应团体和组织机构在通过法律规范自己行为的同时，通过合法途径进行利益表达。以制度化方式调整

① 景天魁等：《社会公正理论与政策》，社会科学文献出版社2004年版，第112页。

和规范各利益群体的利益表达方式，支持合法、正当、富有建设性的制度性利益表达，控制、疏导非制度性利益表达，防止和化解抗议性利益表达。同时，强化人大和政协的利益表达功能，有效反映人民群众的意见和要求，加强社会团体、行业协会和社会中介组织的利益表达能力，使之通过制度化途径传送到政治体系中，以减少社会冲突、维持社会稳定。此外，在新媒体时代要充分利用电视、报刊、微博、微信等大众传媒的开放性和社会性，使其成为人民群众和不同利益群体表达利益要求和呼声的窗口。

6.2　社会矛盾化解机制

及时妥善地化解经济社会发展中出现的各种矛盾纠纷，是构建和谐社会、推进平安建设必须解决的问题。《中共中央关于构建社会主义和谐社会若干重大问题的决定》，要求“更多采用调解方法，综合运用法律、政策、经济、行政等手段和教育、协商、疏导等方法，把矛盾化解在基层、解决在萌芽状态”。①

6.2.1　社会矛盾凸显期

社会矛盾是社会生产力、生产关系以及与此相联系的各种需求之间的矛盾，它随着社会生产力的发展和社会经济关系的变化而变化，不同社会历史时期有着不同的社会矛盾。我国当前正处于社会转型期，这是一个从传统社会向现代社会、从封闭社会向开放社会过渡的过程，人们的权利意识在觉醒，而新的规则体系尚未完全建立。各种利益关系盘根错节，多元价值观念交互碰撞，诸多矛盾错综复杂。解决这些社会矛盾，需要建立便捷、节约、高效的化解机制，这是促进社会稳定、推动和谐社会建设进程中的一个重要现实问题。

从总体上看，中国社会管理领域存在的问题，是中国经济社会发展水平和阶段性特征的集中反映。所谓矛盾凸显

---

① 《十六大以来重要文献选编》(下)，中央文献出版社 2008 年版，第 664 页。

期，就是在一个经济、政治、文化和社会不断变革和快速变迁的社会中，各阶层、各群体、各部门的利益不断地分化组合而引起的矛盾冲突激增和社会问题急剧增加的特殊时期。矛盾呈现出多发性、突发性、群体性、复杂性等特征，对于原有的社会矛盾的化解机制构成了重大挑战。不同的利益群体、不同的利益诉求、不同的政治理想以及过去压抑和束缚的各种各样需求的释放、社会的贫富分化、社会的不公正等，在这个历史发展的时空交叉点上，这些问题都会在这个阶段同时涌现。

当前，我国社会转型正面临关键的临界点，社会矛盾众多，各类纠纷频发。主要呈现以下特点：一是利益矛盾凸显。失业、医保、房屋拆迁、物业管理等方面都会因经济利益或物质利益引发矛盾纠纷；二是群体性矛盾增多。近些年各地的集体上访、请愿、游行、罢工等事件，乃至封桥堵路，冲击机关等事件，表明社会矛盾趋于群体性；三是矛盾易激化和转化。当人们在物质利益发生冲突而又得不到妥当处理时，易向对抗性的方面转化，造成公开冲突。如群体矛盾极易以停工、罢课、集体上访呈现。四是调处难度大。群众要求解决的一些问题，可能涉及企业改制、征地拆迁安置、干群关系、劳资关系、涉农政策、财产纠纷、资产分配等问题，有的是历史遗留问题，有的缺乏政策法律依据，有些跨地区、跨部门的矛盾协调难度大，处理起来比较棘手。

6.2.2　矛盾的深层次成因

我国社会行政管理的封闭程度，造成了社会矛盾相对集中在某个领域和地域，使矛盾带有一定程度的封闭性特点。社会主义市场经济大潮涌起之际，也是社会结构在变迁中渐趋转型或固化之时，城市和农村双向拓展，社会主体自由度和刚性化增加，人们的社会行为和观念的多元化以及交通、通信、传媒现代化。在这样一种社会人文大背景下，社会矛盾呈现的范围比历史上任何一个时期都更为广泛，以往的矛盾和当前的矛盾、城市的矛盾和农村的矛盾、此地矛盾和彼地矛盾交织在一起，甚至国内矛盾和国外矛盾也可能交织在一起，造成了社会矛盾由小到大、由窄变宽，由单纯、封闭转向拓展、开放。

回溯历史不难发现，过去党和国家的重点放在巩固政权上，在解决敌我矛盾问题上下足了工夫。当时人民内部矛盾仍然存在，但在计划体制、单位制和国民利益板块化的历史条件下，未被人们所重视，也可以说处在潜伏期。1957 年毛泽东提出正确区分和处理两类不同性质矛盾问题，把解决人民内部矛盾提到应有高度。但由于国内和国际的条件影响，以阶级斗争为纲的“左”倾思想和政治对经济的强大控制力，致使根源于经济领域、思想领域的人民内部具体矛盾仍以政治领域的矛盾对待，解决这些矛盾的方法又往往采用政治斗争方式，甚至被作为敌我矛盾来处理。因此，社会矛盾显得隐蔽和单一。

社会主义经济体制的改革和生产力的发展，总要伴随着民主政治制度的相应改革和思想观念的更新。随着社会主义民主政治建设的不断推进，人们冲破既往的思想禁区，敢于公开表达正常诉求，敢于公开自己的观念，这就使得社会矛盾在多个领域公开化和显性化。

探究现阶段社会矛盾纠纷产生的原因，还应立足我国的阶段性发展特征，正视东西部的差距、城乡差距、各阶层的差距明显拉大，同时运用多学科视角剖析贫富差距导致部分贫困者心理失衡，由心理失衡而可能导致行为失控。如个别地方因“仇官仇富心理”而发生的群体性事件，已给我们提出了深刻启示和警示。工业化、城市化和现代化进程加快，原有利益格局不断变化，个人之间、群体之间、单位之间、行业之间、家庭之间、社区之间、城乡之间、地区之间以及它们彼此之间的利益差距与矛盾日益突出，从而使得整个社会利益碎片化，引发各种各样的矛盾纠纷，且纠纷的性质趋于复杂。多元化利益带来的冲突加上因制度未有效确立而产生的混乱与无序，产生了许多新的具有时代特点的纠纷，如土地承包权纠纷、国有企业职工下岗纠纷、劳资纠纷、消费纠纷、医疗纠纷等。这些由浅到深、由表层到深层的矛盾在其发展中又派生出多种复杂因素。如果这些矛盾一时得不到解决，就有可能沉淀到更深层次的矛盾中去，为以后矛盾的再爆发或以其他形式爆发埋下种子。由于法制不健全，市场秩序，社会诚信缺失，市场失灵开始产生，受利益驱动引发的各种纠纷层出不穷，社会不稳定、不和谐的因素在增长。

6.2.3　变革化解之道

社会矛盾的存在形式决定着矛盾的防范和化解方式。多年来我国化解社会矛盾的手段或方式主要有三种：一是社会调处，主要指人民调解。二是司法调处，指人民法院的司法审判和司法调解。三是行政调处，包括行政复议、行政仲裁、行政调解。传统的社会矛盾化解机制虽然在社会生活中发挥了重要作用，但在机制建设的理念与实践环节还存在着不足，主要表现在：传统的化解思路重政策轻机制，或者用政策来代替机制；过于强调机制对人的决定性，而忽视人的能动因素的发挥；忽视思想观念与文化对矛盾化解机制的深刻影响。

其一，当前出现的各种社会矛盾，大量涉及人民内部矛盾范畴的利益关系，而且关乎社会公平正义。改革开放 30 多年来，我们党牢牢把握经济建设这一中心，以效益优先原则把财富“蛋糕”做大，在发展过程中公平暂时居于被兼顾的地位，出现利益分化和利益格局失衡。从长时段的历史观来看，经济增长不能替代政治变革，经济体制变革相应地需要政治体制改革。

其二，正确区分不同性质的矛盾，用不同质的方法解决不同质的矛盾，是正确处理人民内部矛盾，构建社会主义和谐社会的基本原则。从性质上看，我国当前凸显的社会矛盾大多属于人民内部矛盾，人民内部矛盾从总体上说是根本利益一致的非对抗性矛盾，需要采用经济、民主、综合等的处理方式，防止用处理敌我矛盾的办法来应对。党的十六届六中全会通过的《中共中央关于社会主义和谐社会建设若干重大问题的决定》提出，“适应我国社会结构和利益格局的发展变化，形成科学有效的利益协调机制、诉求表达机制、矛盾调处机制、权益保障机制”。① 这体现了执政党在这个问题

---

① 《十六大以来重要文献选编》(下)，中央文献出版社 2008 年版，第 664 页。

上的成熟和自觉。

其三，探索建立健全社会矛盾的多元化解机制，把矛盾解决在萌芽阶段。当社会矛盾还未转化为冲突事件时，社会矛盾调节机制就可以通过对矛盾形成的初始条件的化解，做到防微杜渐、未雨绸缪。同时，社会矛盾化解机制所具有的规范功能和宣传教育功能，有助于将社会矛盾中暴露出的非制度化和反制度化参与形式引向制度化参与形式，使社会矛盾不至于激化，或使激化程度被控制在适度“有序”的范围内，从而真正构建起社会矛盾化解的多元化新机制。

其四，健全社会矛盾化解的政府公共机制，发挥公共政策在社会矛盾调节中的作用。通过公共教育政策、充分就业政策、社会政策、反贫困政策，特别是加大政府在就业、住房、医疗等公共政策方面的创新力度，适当向弱势群体倾斜，从矛盾产生的源头控制社会矛盾的激发，在制度上保证大多数民众能共享改革发展的成果，保证利益的权威性分配更加公平、公正、公开，有效发挥公共政策调节社会矛盾的功能。

此外，要完善政府对社会矛盾化解的调处机制与权益保障机制，有机结合社会矛盾的常态管理与应急处置。推动和完善社会组织的发展，充分发挥社会力量参与调节作用，真正建立社会矛盾化解的多元治理新型机制。

6.3 公共安全体系

公共安全体系主要包括食品药品安全、安全生产、防灾减灾救灾体制、气象灾害监测预警、各类违法犯罪的防范和惩治以及国家网络和信息安全。要适应公共安全形势变化的新特点，推动建立主动防控与应急处置相结合、传统方法与现代手段相结合的公共安全体系，强化社会基础建设，推动人民群众的幸福感和满意度不断提升。

6.3.1 舌尖上的安全

《舌尖上的中国》可谓近年国产纪录片中不可多得的佳作，其对中国各地饮食文化如数家珍，带领观众重温浓浓的中国味道，美好的怀念源自画面勾起了久违的味蕾记忆，整部片子寓教于乐，氤氲着厚重绵长的亲情，世俗而温暖，传递出中国独有的温情和蕴藉之美。而且，现实中的反差更让观众倍加缅怀既往岁月里曾经安全可靠的美味佳肴。

近年来我国食品药品领域震惊中外的安全问题层出不穷。近几年全国“两会”召开前夕，主流媒体对民意舆情的调研显示，食品药品安全问题成为居于前列的热点问题。2012 年两会前夕，国家统计局哈尔滨调查队采取随机抽样方法，对哈市主城区 200 名不同阶层的市民进行问卷调查。调查结果显示，食品、药品安全仍是广大市民最为期盼解决的问题。

地沟油、矿化油抛光大米、黑米线、瘦肉精、毒豆芽、塑料造银鱼，糖水变蜂蜜，猪肉变牛肉……在食品安全事件层出不穷的当下，人们对有毒食品的报道已见怪不怪。复旦大学历史地理研究中心的硕士研究生吴恒看不下去了，2011 年 5 月，他开始在网上征集志愿者，花了一个月完成了一份《中国食品安全问题新闻资料库》，从相关报道中筛选出有明确来源和受害者的报道，以此制作了食品安全事件记录，并为每篇报道提取了包括事发地、涉及食品的种类、对人体有害的原因等在内的关键词。在此基础上，吴恒及其网络志愿者团队创办了“掷出窗外”网站，迅速蹿红网络，引起极大反响。网上可以查询到 2004 年至今，全国各地的有毒有害食品记录，数量达 3000 条之多。由于访问量巨大，这个网站于 2012 年 5 月 3 日出现了暂时崩溃的现象。网站取名为“掷出窗外”意为消灭一切有毒食品、抛弃一切疲软监督。“掷出窗外”的态度体现了一种强烈的社会责任感。

“掷出窗外”是应对食品安全问题的一个好招，但仅有这样的招数是不够的。对食品安全进行及时有效的监管，查处食品安全领域的违法行为，是政府部门的责任和权力。当前我国食品药品安全面临的形势十分严峻。一是食源性疾病和药源性疾病频频发生；二是假冒伪劣食品屡禁不止，已成一大社会公害；三是食品中新的生物性和化学性污染物以及致病菌对常用治疗药物不断增加的抗药性，对健康造成了很大的威胁，食品中毒、滥用食品添加剂、农药残留量超标等使人们“谈食色变”；四是食品新技术、新资源（如转基因食品、酶制剂和新的食品包装材料）应用给食品安全带来了新问题。

建立健全食品药品安全监管机制，首先要牢固树立抓监管就是保民生、促和谐，抓安全就是保稳定、促发展的工作理念，充分发挥职能作用，不断提高监管工作水平。要着力抓好抓实宣传工作。广泛宣传食品药品法律法规，做到法律宣传进村入户、家喻户晓，让人民及时了解食品药品监管的相关法律、法规和政策。

其次，要完善食品药品安全标准体系，提高食品药品检验检测科学化水平，建立食品药品质量追溯制度，实现从生产源头到终端消费的全程严格监管。加强食品药品生产源头的安全监管，将监督管理关卡前移，从食品药品生产源头抓起，变事后查处为事前监控。要进一步加大执法力度，制定和完善与食品药品安全相关的法律法规。要把经常检查和突击检查、普遍检查和重点抽查结合起来，严厉打击制售假冒伪劣食品药品的违法犯罪行为，大力整顿和规范食品药品市场经济秩序。

再次，要加强对食品药品流通领域的安全监管。一要落实企业在食品药品安全中的主体责任，建立让生产经营者真正成为食品药品安全第一责任人的有效机制，严格审核食品药品经营单位的主体资格。二是要加强对食品药品流通领域的指导和管理，整顿和规范食品药品流通秩序，推进食品药品流通体制改革，加快建立食品药品安全信用体系和保障食品药品安全的行业自律机制，强化食品药品经营法人、市场主办者、大型超市经营者的食品药品安全第一责任人的意识，实施上市销售食品药品安全市场责任制。建立具有保障食品药品安全质量、符合环保要求的销售网络体系。

最后，要加强食品药品安全风险监测评估预警，健全食品药品安全多渠道投诉举报和突发事件快速反应机制，依法惩治食品药品领域违法犯罪活动。制定和完善食品药品安全监管的举报投诉制度、公示制度、社会监督员等制度，进一步加强信用体系建设，促使食品药品安全监管机制更加完善。要着力推进依法监管。深入贯彻食品安全法、药品管理法和相关行政法规。要着力抓好食品药品安全专项整治工作。紧密围绕公众关注的食品药品安全热点问题，建立长效机制，加强对薄弱环节的集中整治。

6.3.2 安全生产监管体制

改革开放以来，特别是我国经济进入高速增长期之后，安全生产形势日趋严峻，矿难等安全生产事故频繁发生，国家安全生产监管体制面临着巨大的压力和挑战，从而使得深化我国安全生产监管体制改革，完善安全生产监管体系的重要性和紧迫性日益突出。

我国现行的安全生产监管体制是在 2001 年后逐步形成并定型的。这一体制体现了中央“强化综合、淡化专业”的改革初衷，但由于缺乏在市场经济条件下如何建立统一高效的监管体制的经验，现行体制仍存在诸多问题，已经影响到安全生产监管的有效性。主要表现在机构设置不规范。宏观管理、行政执法和协调平衡三大职能相互混淆。监管主体权责不对称，表现为权力分散、多头监管，权力失衡，监管主体与客体之间的权力不对等，执法不严。此外，还存在着监管技术保障体系不健全、监管资金投入机制缺乏、应急救援机制不完善、安全监管队伍力量薄弱、安全文化建设落后等积弊。

党的十六大以来，党中央以科学发展观统领经济社会发展全局，坚持“以人为本”，在法制、体制、机制等方面采取了一系列措施加强安全生产工作。2003 年，国家安全生产监督管理局成为国务院直属机构，同年还成立了国务院安全生产委员会。2005 年国家安全生产监督管理局升格为国家安全生产监督管理总局，专设总局管理的国家煤矿安全监察局，加强“国家监察、地方监管、企业负责”的煤矿安全监察垂直体制。明确总局内设 9 个职能机构，负有 13 项主要职责。2008 年 7 月，国务院办公厅对总局的部分职责作了调整，要求加强对全国安全生产工作综合监督管理和指导协调、加强对有关部门和地方政府安全生产工作监督检查。同时成立了职业安全健康监督管理司。

国务院决定将“完善监管体制，加快应急救援体系建设”作为安全生产 12 项治本之策的一项重要内容。随着国家安全生产应急救援指挥中心成立，安全生产应急体系也开始建立。国务院发布了《国家突发公共事件总体应急预案》和包括其在内的25个专项预案以及81个部门预案，其中安全生产占31%。各省区市都制订发布了安全生产应急预案，高危行业和规模以上企业应急预案基本编制完成。矿山、消防、道路交通、水上、铁路等应急救援力量已粗具规模。以国家、省、市三级安全生产应急指挥中心和国家、区域和骨干应急救援队伍为核心的安全生产应急体系框架正在形成。目前，全国已有26个省(自治区、直辖市)成立了安全生产应急救援指挥中心或应急救援办公室，有150个市(地)建立了应急救援指挥单位。

当前我国安全生产面临的许多压力和困难来自外部的经济、社会乃至国际环境。因此，首先应跳出“就安全生产抓安全生产”的狭隘思维，确立“大安全生产”的思路，坚持安全第一、预防为主方针，完善安全生产法律法规、政策标准、技术服务，提高安全生产的科技支撑能力和应急救援水平。其次，要落实政府安全生产监管责任和企业安全生产主体责任，严格安全生产目标考核和责任追究，实行重大隐患治理逐级挂牌督办和整改评价制度，严格查处非法违法或违规违章生产经营建设行为。再次，深化煤矿、非煤矿山、危险化学品、交通运输、消防等重点领域安全生产和人员密集场所安全的专项治理，遏制重特大安全事故。最后，从调整产业结构、优化能源利用、发展循环经济、缩小区域差距、完善国际分工等方面着手，大力营造一个有利于安全发展的外部环境。健全安全生产责任制度。安全生产重点在基层、关键在管理、要害在细节。生产经营单位身处安全生产一线，在安全生产管理方面，要重视学习国外企业的先进理念、模式、办法和经验。同时，及时总结推广国内一些企业创造的安全生产承诺制度、无缺陷管理和精细化管理等好的做法和经验。加强从业人员特别是高危行业从业人员的安全教育，提高全社会安全意识，夯实安全生产基础。

6.3.3　社会治安防控体系

加强社会治安防控体系建设，是在构建和谐社会，全面建设小康社会的新形势下，开展社会治安综合治理工作的有效载体，是建立和完善社会治安长效工作机制的必然要求，是应对动态治安新挑战、维护社会稳定的战略举措，是服务改革发展稳定大局的根本要求。

自 2003 年 8 月江苏省率先提出“平安江苏”创建目标以来，全国平安建设在 2004 年得到蓬勃发展。许多省区市也纷纷提出创建“平安省区市”的工作目标，大张旗鼓地开展平安建设，从而有力地推动了社会治安综合治理各项措施的落实。各地、各部门以平安建设和基层安全创建活动为载体，进一步加强了治安防控体系建设，建立了党委、政府领导，综治机构组织协调，以公安为骨干，以群防群治力量为依托，以社会面治安防范为重点，以科技手段为支撑，多警种联动，专群结合，点线面结合，人防物防技防配套的治安防控体系。此外，各地还以完善治安预警机制、整体联动机制、快速反应机制、治安评估机制和责任考核机制为依托，提高了社会治安整体防范水平。各地把社会治安防控体系建设作为推进社会管理创新的重要抓手，形成了“党政主导、公安主抓、管控有效”的社会治安防控新格局。

加强新形势下的社会治安防控体系建设，首先要积极争取党委、政府和有关部门的重视、支持，力求解决一批长期以来制约公安基层基础建设的体制性、机制性、保障性问题。要坚持打防结合、预防为主、专群结合、依靠群众的方针，以社会化、网络化、信息化为重点，健全点线面结合、网上网下结合、人防物防技防结合、打防管控结合的立体化社会治安防控体系。其次，要坚持发挥公安机关在社会治安防控中的主导作用，创新特业管理、户籍管理、交通管理、巡逻管控等执法方式，加强车站、码头、机场、集市等重点地区、重点场所的社会治安综合治理，配备防爆装备，依法严密防控和惩治各种违法犯罪活动。加强对治安形势的分析评估，及时研究掌握违法犯罪活动的规律特点，遏制刑事案件高发的势头。认真开展矛盾纠纷排查调处工作，建立健全矛盾纠纷排查调处通报制度、归口办理制度、领导包案和挂牌督办制度、零报告制度、排查调处考核制度和责任追究制度，切实增强排查调处工作的针对性、实效性，及时化解矛盾纠纷。再次，要注重发挥城乡社区在社会治安防控中的基础作用，推进平安社区建设，依靠群众的力量搞好社会治安，组织治安积极分子、保安、志愿者、居民等力量开展群防群治，集民智于治安，化民力为警力，形成人人参与社会治安防控的局面，筑牢社会治安防控体系的根基。最后，要充分发挥综治委各成员单位作用，加强和完善齐抓共管的工作机制，切实加强综合治理重点工作。

社会治安防控体系建设是一项社会系统工程。稳定、和谐的环境要靠全社会、广大人民群众共同努力，共同维护。综治委各成员单位要积极参与治安防控体系建设，全面落实社会治安防范措施，努力营造齐抓共管社会治安防范工作的局面。政法、公安机关要切实履行职能，充分发挥主力军作用，不断探索解决治安问题的新途径、新方法，增强打击犯罪、预防犯罪的能力。既要进一步强化责任制，推动社会治安综合治理工作各项措施的落实，又要整合社会资源，着力解决影响社会治安的突出问题。

共建共享编

构建社会主义和谐社会是艰巨复杂的系统工程，只有动员广大人民群众共同参与，才能使这一宏伟目标变成现实；构建社会主义和谐社会是造福全体人民的伟大事业，只有让广大人民群众不断从和谐社会建设中得到实惠，才能使和谐社会建设成为广大人民群众的自觉行动。

把共同建设、共同享有和谐社会贯穿于和谐社会建设的全过程，真正做到在共建中共享、在共享中共建，符合中国特色社会主义和全面建设小康社会的本质特征，它贯穿于整个中国特色社会主义的全过程，在构建社会主义和谐社会的伟大实践中发挥指导作用，展示出构建社会主义和谐社会的内在要求、重要特征和必由之路，是中国共产党促进社会和谐的根本理念。

第7章　在共建中共享

全体人民共同建设、共同享有，强调的是人民的全体，着眼于协调一致、和衷共济，落脚点是建设者和享有者的统一。共同建设和共同享有，是一个不可分割的整体：共同建设是共同享有的前提和基础，共同享有是共同建设的结果和归宿。提出和坚持全体人民共同建设、共同享有，是对历史唯物主义基本原理在新的历史条件下的创造性运用，是对社会主义建设规律认识的深化，是对党的群众路线的进一步拓展。

7.1　明确共建主体

坚持全体人民共同建设、共同享有，突出了人民群众的主体地位，彰显了人民群众作为实践主体和价值主体的地位。人民，只有人民，才是创造历史的主人。坚持发展为了人民、发展依靠人民、发展成果由人民共享，就能最大限度地增加和谐因素，最大限度地减少不和谐因素；就能更广泛地调动人民群众的积极性、主动性、创造性，更有效地释放全社会的能量，让一切有利于社会发展进步的创造活力充分迸发。

7.1.1 尊重人民主体地位

历史经验表明，人民是历史的创造者。人民也是构建和谐社会的主体，是建设社会主义的主体。人民群众中蕴藏着无穷的智慧和力量，是推动社会前进的决定因素，因此，人民是实现中国梦的中国力量的最深厚源泉。

我们党一以贯之地坚持并创造性地运用和发展马克思主义群众史观，并使之在与时俱进中不断提升：从强调人民群众是历史的创造者，到规定党的宗旨是全心全意为人民服务；从树立鲜明的群众观点，即一切为了人民群众的利益的观点，一切向人民群众负责的观点，相信群众自己解放自己的观点和向人民群众学习的观点，到形成“一切为了群众，一切依靠群众，从群众中来，到群众中去”的群众路线。我们党能够完成和推进新民主主义革命、社会主义革命和改革开放新的伟大革命“三件大事”，取得开辟中国特色社会主义道路、形成中国特色社会主义理论体系、确立中国特色社会主义制度的“三大成就”，一个根本原因在于能够始终尊重人民的主体地位和首创精神，始终做到来自人民、植根人民、服务人民，在于能够牢固树立群众观点，自觉贯彻群众路线，始终站稳群众立场，不断提高群众工作本领。

在和谐社会的构建进程中，人民群众是义务与权利统一的共同体，是实践主体与利益主体统一的共同体。人民群众共同建设和谐社会，其终极目的在于共同享有和谐社会；而人民群众共同享有和谐社会的现实体验与理性预期，又必将激发巨大的参与热情和创造活力，使和谐社会的水平和境界获得螺旋式上升。

尊重人民主体地位，首先，要始终把人民利益放在第一位，坚持把实现好、维护好、发展好最广大人民根本利益作为一切工作的出发点和落脚点。切实做到立党为公、执政为民，坚持问政于民、问需于民、问计于民，多办顺民意、解民忧、增民利的实事。其次，要始终尊重最广大人民的意愿，“坚持用人民拥护不拥护、赞成不赞成、高兴不高兴、答应不答应来衡量我们的一切决策”。① 多深入到社会问题多、群众意见大的地方去，了解群众需要，倾听群众呼声，解决群众困难，化解群众矛盾，全心全意地为人民服务。最后，要始终把民生问题放在重要位置，坚持发展为了人民、发展依靠人民、发展成果由人民共享。从人民群众最关心的实际问题出发，从解决人民群众最直接、最现实的利益问题入手，全力推进以保障和改善民生为重点的社会建设，进一步完善保障和改善民生的制度安排。把促进就业放在经济社会发展优先位置，加快发展教育、社会保障、医药卫生、保障性住房等各项社会事业，推进基本公共服务均等化，加大收入分配调节力度，坚定不移走共同富裕道路。

7.1.2 发挥人民首创精神

在改革开放的历史进程中，我们党把坚持马克思主义基本原理同推进马克思主义中国化结合起来，把尊重人民首创精神同加强和改善党的领导结合起来，将认识置于党和亿万人民波澜壮阔的创新实践基础之上，从人民群众的当前实践中去探索什么是社会主义以及怎样建设社会主义，使得中国特色社会主义理论体系具有深厚的人民性和无比的感召力。

马克思主义的认识路线要求在实践中充分尊重和发挥群众的首创精神。群众路线是党的思想理论体系中的重要内容，要相信群众、依靠群众、尊重群众创造智慧。邓小平指出：“社会主义现代化建设的极其艰巨复杂的任务摆在我们的面前。很多旧问题需要继续解决，新问题更是层出不穷。党只有紧紧地依靠群众，密切地联系群众，随时听取群众的呼声，了解群众的情绪，代表群众的利益，才能形成强大的力量，顺利地完成自己的各项任务。”②

改革开放以来，党在新的历史条件下带领人民进行新的伟大革命，进行社会主义制度的自我完善和发展。在这个开拓性的实践过程中，我们党面对诸多前所未有的崭新课题，

---

① 《十六大以来重要文献选编》(上)，中央文献出版社 2005 年版，第 371 页。

② 《邓小平文选》第二卷，人民出版社 1994 年版，第 342 页。

立足广大人民群众的实践，从人民中吸取智慧、凝聚力量，突破那些不合时宜的观念、做法和体制的束缚，走出了一条中国特色社会主义道路。人民群众创造性的实践经验为中国特色社会主义理论体系提供了丰富的思想养分。邓小平曾指出："农村搞家庭联产承包，这个发明权是农民的。农村改革中的好多东西，都是基层创造出来，我们把它拿来加工提高作为全国的指导。"①

我们党正确的路线方针政策和每一项重大改革决策措施，从农村改革到经济建设，从基层民主到社会管理，从决策部署到实践推进，都不是凭空而来的，而是从人民群众实践经验中总结出来的，都是把尊重人民首创精神同加强和改善党的领导结合起来的产物，都是从中国的实际出发，尊重群众的实践，尊重群众的首创精神，把群众创造的好东西集中上来，经过提升、提炼、概括变成党的决策。所以说，中国道路从根本上说离不开人民群众的实践活动，离不开亿万群众源源不绝的智慧和创新经验。

从亿万人民的创新实践中去探索如何构建和谐社会，坚持一切为了群众、一切依靠群众的基本方针，把为人民谋利益、代表最广大人民的根本利益、执政为民作为党的全部活动的出发点和归宿，作为推进中国道路的价值追求，这也是中国特色社会主义成为与中国国情相结合、与时代发展同进步、与人民群众共命运的当代中国马克思主义的根本原因。坚持人民群众当家做主，公平享有发展成果，这使得中国道路在本质上实现了目的与手段的辩证统一，使中国特色社会主义的本质与特征相得益彰，使和谐社会的构建目的更加明确，发展思路更为明晰，使中国特色社会主义制度的优越性更加彰显，也使得全面建成小康社会的奋斗目标更加具有感召力。

7.1.3　维护人民各项权益

从邓小平强调我们党任何政策的出发点和归宿，都要取决于人民"拥护不拥护"、"赞成不赞成"、"高兴不高兴"、

---

① 《邓小平文选》第三卷，人民出版社1993年版，第382页。

“答应不答应”，取决于“是否有利于提高人民的生活水平”，到江泽民提出中国共产党要“始终代表中国最广大人民的根本利益”，再到“始终坚持一切为了群众、一切依靠群众，坚持立党为公、执政为民，不断实现好、维护好、发展好最广大人民的根本利益”,① 反映了中国特色社会主义一以贯之的价值追求。这一价值目标不是把社会主义视为现实理应与之相符合的理想，并反过来按这种理想化标准去剪裁现实生活，而是从价值主体和价值目标上规定着主客体之间需要与效用的关系，规定着社会主义应该如何满足人民需要问题。

中国人民的权益是在维护国家的集体权益过程中逐步实现的。国家的发展和强大，也是实现和保障每一个公民的人权的条件。发展是实现人民权益的关键。中国经济的持续快速发展，保障了生存权和发展权这个首要的基本人权。经过多年的奋斗，人民生活基本实现了从贫困到温饱、再从温饱到小康的两次历史性飞跃。本着以人为本的理念，我国在保障人民各项权益，实现自由平等、公平正义，促进人的全面发展方面实现着人权的内涵。目前，全国普及九年义务教育人口覆盖率达99.7%；全国基本医疗保险总参保人数已超过12亿人，总体覆盖率达到90%以上；全国农村有村委会60.4万个，依法民主选举产生的村委会成员达230多万人；中国现有上百万个论坛，近6亿网民，手机网民4.6亿，微博用户达3亿多人。据统计，每天人们通过论坛、新闻评论、博客、微信等渠道发表的言论达数百万条……这些数字正是中国公民各项权利在不断发展，公民参与权、表达权、监督权等得到保障的见证。

群众利益无小事。凡涉及群众切身利益和实际困难的问题，即使是小事、琐事、细事也要竭尽全力去办。时刻把群众的柴米油盐、衣食住行、喜怒哀乐、冷暖安危挂在心上，想群众之所想，急群众之所急，帮群众之所需，真正做到民有所呼，我有所应；民有所困，我有所帮；民有所需，我有所为；努力做出经得起实践、人民、历史检验的实绩。

---

① 《十六大以来重要文献选编》(上)，中央文献出版社2005年版，第646页。

党的十七大报告指出，要保障人民各项权益，走共同富裕道路，促进人的全面发展，做到发展为了人民，发展依靠人民，发展成果由人民共享。胡锦涛在中纪委十七届六次会议上指出，要着力维护人民群众权益，保障人民群众的经济、政治、文化、社会等各项权益，切实把改善人民生活作为正确处理改革发展稳定关系的结合点。切实解决损害群众利益的突出问题，切实健全党和政府主导的维护群众权益机制，完善中央惠民政策落实保障机制。

在科学发展观中，以人为本是核心立场，实现人民根本利益是党和政府一切决策的核心。为此要尊重人民主体地位，发挥人民首创精神，保障人民各项权益，走共同富裕道路，促进人的全面发展，做到发展为了人民、发展依靠人民、发展成果由人民共享。这就进而明确了发展中国特色社会主义的根本目的、基本动力以及发展成果的分配原则。它使新时期中国特色社会主义创新实践建立在既符合规律，又合乎目的或实效的基础之上。

7.2　激发社会活力

社会创造力和社会活力的源泉和根本在于民众。执政党只有激发不同利益主体的积极性和创造性，使其在开放竞争的环境中各尽其能、各展其长、各得其所，才能长期保持社会活力。

7.2.1　活力从何而来

社会活力从其本源来讲，是人的能动性、积极性、创造性的发挥，是人实践地改造自然与社会的主体力量的体现。人以社会的方式存在，只能以社会的方式构成、实现和确证自己的主体性。在这个意义上，所谓社会活力，是指在一定自然、历史条件下，一定社会系统的生存与演化的内生的自主能力。

社会活力是由社会主体的活力，作为社会生产和生活直接构成要素和资源的活力，社会生产、生活的方式和机制所具有的“制度”层面的活力三个层面构成的，具体表现为思想活力、创造活力、体制活力、个性活力等。这三个层面是不可分割互为前提的。它们的统一构成社会生活的生命力，构成社会得以生存和不断变化发展的动力源泉和现实力量。

作为社会生产和生活直接构成要素和资源的活力，如自然资源的合理利用，资金、人才、技术、设备的投入、引进、利用，新产品的开发，环境条件的控制和改善，新的知识、思想、文化的形成与创造等，在经济、政治、文化、环境等诸方面为社会的生存与发展，为人的社会生活提供着愈来愈强有力的支持。它们作为新鲜血液，作为新的条件、新的生长点、新的力量的形成和投入，必然为社会发展带来新的生机。

作为社会生产、生活构成方式和运行体制的“制度”层面的活力，是指特定社会系统制度化的结构及其构成方式所具有的，能够使社会生活不断孕育、产生、选择、吸收、利用、创造和积累新的资源，促使和保证物质流、能量流、信息流的合理流动，实现社会系统的自我延续、自我调控、自我创生和自我更新演化的机制及其功能发挥。

社会活力的主要特征在于，它是孕育于人们社会生活、社会交往中的社会创造力。它本质上是作为主体的人的自由自觉活动的社会实现，是人们自我解放和自我创造的自由的主体性力量的体现。

对社会发展动力的探究不能停留在一般性的宏观层次上，对复杂多变的社会现象如何形成，社会生活的具体运行过程如何实现，构成社会生存与发展的生机与活力如何产生等，应该做更深入更具体的考察。在一定历史条件下，社会活力迸发，作为社会矛盾冲突的结果，不仅不会推动社会进步，相反会导致社会生活秩序的破坏，社会丑恶现象的滋生，造成社会混乱、腐败甚至崩溃。人类历史一再教训了我们。问题在于，是什么社会力量，以什么方式解决这些矛盾。只有新的积极的社会因素，即新的具有“活力”的因素，新的活动方式的生成与创造，才能推动社会矛盾的积极解决。

7.2.2　社会发展动力之源

社会活力在不同历史时期的作用和表现有质的差别。传统社会的活力有限，主要表现为维系社会体系的生存和延续能力。现代工业不仅提供了社会生存与发展的强有力的物质基础，而且它本质上如马克思所言是“革命的”，不断增强的科学知识和技术能力成为现代工业生产的生命力之所在。商品交换关系的发展和市场经济的形成，政治社会生活的民主化法制化，教育的普及化，文化生活的多样化，不仅在体制上建构了社会生活日益多向度扩展的空间，而且逐渐培养了适应现代社会发展需要的主体，为人的独立性和自由发展提供了可能。现代社会生活中充满了偶发性、随机性、变动性因素，社会矛盾日趋复杂，社会组织也在不断发育和提升，这也是现代社会的生机与活力的体现。

衡量社会活力的尺度，是人们社会生活与社会活动的“自由度”的幅度与强度。马克思关于“自由时间”作为社会发展的必要条件和尺度的思想，也包含着社会活力的思想因子。

《中共中央关于构建社会主义和谐社会若干重大问题的决定》指出，社会主义和谐社会既是充满活力的社会，也是团结和睦的社会，必须最大限度地激发社会活力，促进政党关系、民族关系、宗教关系、阶层关系、海内外同胞关系的和谐，巩固全国各族人民的大团结，巩固海内外中华儿女的大团结。

充满活力是社会主义和谐社会丰富内涵中不可或缺的一个重要内容，是和谐社会最基础、最核心的内涵，是社会主义和谐社会的应有之义。充满活力，就是能够使一切有利于社会进步的创造愿望得到尊重，创造活动得到支持，创造才能得到发挥，创造成果得到肯定，让一切劳动、知识、技术、管理和资本的活力竞相迸发，让一切创造社会财富的源泉充分涌流，让更多的人投身到创造中来，在充满创造活力的进取中实现社会和谐。激发社会活力既是社会主义和谐社会的内在要求，也是构建社会主义和谐社会的重要动力和根本保证。

在改革开放初期，主要通过破除计划经济体制的束缚和初步实现的市场转型，释放和增强了经济社会生活的活力。在新的历史起点上，创新成为主导性特点，通过经济、政治、社会公共生活、教育科技与文化各个领域的改革开放，为全面推动社会发展创造新的起点，也就是激活、催生出能自主开发和增强的新的创生性的社会活力，这需要以更深层次的改革和更进一步的思想解放为前提。

7.2.3　让社会充满活力

党的十七大在阐述全面建设小康社会奋斗目标的新要求中进一步强调要使“社会更加充满活力”。党的十八届三中全会提出，“让一切劳动、知识、技术、管理、资本的活力竞相迸发”。① 社会活力与社会和谐是一定社会存在状态的两个相对独立又相互关联的侧面。社会主义和谐社会应当是社会生活各个领域充满活力的社会，社会生活各个领域的活力状况与程度又影响和作用着社会和谐的程度与水平。显然，在正常情况下，社会活力与社会和谐呈正相关性。

社会活力的解放与增强，是一个复杂艰巨的创造性社会改革工程，其关键在于如何处理社会生活自由度的增强与社会合理有效控制的关系。

首先，根据唯物史观，经济活力是社会活力的基础和前提。只有坚持解放和发展社会生产力，以经济建设为中心，探索又好又快的经济发展模式，保持经济增长和经济效率，才能为促进和谐社会充满活力提供物质基础。对于政府来讲，要理顺其与市场的关系，积极稳妥地从广度和深度上推进市场化改革，大幅度减少政府对资源的直接配置，要让人民、企业和社会组织成为创富的主体，政府成为提供外部性保护或者营造良好环境的主体，其职责和作用主要是保持宏观经济稳定，加强和优化公共服务，保障公平竞争，加强市场监管，维护市场秩序，推动可持续发展，促进共同富裕，弥补市场失灵。不可错位、虚位和缺位。

其次，社会活力来自不断的创新和创造。要在全党全社会大力弘扬实事求是、与时俱进、勇于创新的精神，打破思想禁锢，推进思想解放，活跃思想创造，坚决破除一切束缚

---

① 《〈中共中央关于全面深化改革若干重大问题的决定〉辅导读本》，人民出版社 2013 年版，第 3 页。

人的创造活力的思想观念，支持人们进行理论、制度、科技和其他方面的创新，从而为和谐社会建设提供源源不断的动力。

再次，完善的体制具有内在的发展活力，直接决定经济社会发展的效率和活力。要按照党的十八届三中全会提出的全面深化改革的方向和要求，坚持不懈地全面推进经济体制、政治体制、文化体制、社会体制等改革，不断推进社会主义制度的自我完善。创新体制机制，坚决革除一切束缚人的创造活力的体制弊端，建立健全充满活力、富有效率、更加开放的体制机制，创造体制机制优势，更大程度地发挥市场在资源配置中的决定性作用，为经济社会发展提供强劲动力，为人民群众发挥积极性和创造性开辟无限广阔的空间。

最后，构建激发社会活力的群众基础，充分发挥人民群众的积极性和创造性，调动一切积极因素为发展社会主义事业服务。尊重人民群众的首创精神，从人民群众变革社会推动社会发展的伟大实践中汲取营养，总结经验，挖掘活力。调动和激发群众的创造性和劳动积极性，关键是要从人民群众最关心、最直接、最现实的物质利益出发，关注民生，以民为本，使全社会的创造活力充分释放。

7.3 凝聚共建合力

“共建共享”闪烁着辩证法的思想光芒。事物是对立统一体，共建共享就是互为条件、互为因果、互为依存的有机整体，统一于构建社会主义和谐社会的伟大实践之中。凝聚共建合力也就是凝聚中国力量，需要坚持四个尊重，创新共建机制。

7.3.1 在共建中共享

共建是共享的前提，共建的水平决定共享的程度。没有共建，没有改革发展的成果，没有经济、政治、文化、社会的全面、协调、可持续发展，共享就会成为水中月、镜中花。没有共享，人民群众就不能从共建中得到实惠，甚至还要牺牲权益。那么，构建社会主义和谐社会的动力又从何而来？正如胡锦涛总书记所指出的：“构建社会主义和谐社会是造福全体人民的伟大事业，只有让广大人民群众不断从中得到实惠，才能使构建社会主义和谐社会成为广大人民群众的自觉行动。”①以共建保共享，以共享促共建，这就是唯物辩证法在构建社会主义和谐社会中的实际运用和生动体现。

构建社会主义和谐社会是艰巨复杂的系统工程，既没有现成的经验可循，又没有固定的模式可搬，只能在实践中去探索。这只有靠亿万人民群众的社会实践，只有动员广大人民群众共同参与，才能使宏伟目标变为现实。换言之，构建社会主义和谐社会的现实和未来掌握在人民群众手中。“共建共享”不仅体现了人民群众在构建社会主义和谐社会中的主体地位和首创精神，体现了人民群众的参与热情和创造活力对构建社会主义和谐社会的决定作用和实践价值，也体现了使和谐社会建设成为广大人民群众自觉行动的群众路线和优良作风，使构建社会主义和谐社会建立在历史唯物主义的坚实基石之上，蕴含了马克思主义的历史观、实践观和群众观。

如果只讲共建不讲共享，就会偏离社会主义和谐社会的方向和主旨；如果只讲共享不讲共建，就会使共享成为无本之木、无源之水。这就要求我们，把“共建共享”这一重大原则贯穿于构建社会主义和谐社会始终。在谋划和谐社会构建时，既要谋划如何最大限度地激发广大人民群众的参与热情和创造活力，又要谋划怎么使广大人民群众最大限度地共享和谐社会的丰硕成果，并把二者有机地统一于实践之中。在制定政策时，既要考虑参与共建的重点，又要考虑参与共建的广泛性；既要考虑共享的差异，又要考虑共享的共同性；既要考虑共建共享的现实性，又要考虑共建共享的长远性。

在历史新起点上践行“共建共享”原则，需要紧紧依靠人民推动改革。人民是改革开放事业的实践主体。当前改革进入攻坚期和深水区，推进改革的复杂程度、敏感程度和艰巨程度都是前所未有的，只有按照人民群众的要求和通过总结人民群众在实践中创造的新鲜经验来完善政策主张，善于集纳民智、凝聚民心、激发民力，才能为深化改革夯实群众基

① 《人民日报》，2007 年 3 月 19 日第 1 版。

础；只有最大限度地吸纳人民群众参与改革，为改革提供众志成城的民意支撑，才能凝聚破浪前行的民众动力；只有进一步畅通群众参与渠道、完善群众参与机制，以便更好地问政于民、问需于民、问计于民，真诚倾听群众呼声、真实回应群众诉求、真情顺应群众期盼，才能凝聚实现中国梦的中国力量。

7.3.2　坚持“四个尊重”

尊重劳动、尊重知识、尊重人才、尊重创造是不断增强全社会的创造活力的前提。提倡“四个尊重”，能够激发劳动、知识、人才、创造的活力，调动一切积极因素，凝聚社会各阶层的力量，形成共创伟业的生动局面。

早在1977年初，邓小平就指出，一定要在党内造成一种尊重知识，尊重人才的空气。江泽民提出“必须尊重劳动、尊重知识、尊重人才、尊重创造，这要作为党和国家的一项重大方针在全社会认真贯彻”。① 党的十六大系统地提出了“四个尊重”的思想。胡锦涛在2005年“五一”全国劳动模范和先进工作者表彰大会上的重要讲话中，进一步强调指出：我们要全面贯彻尊重劳动、尊重知识、尊重人才、尊重创造的方针，要使热爱劳动、勤奋劳动、尊重劳动、保护劳动蔚然成风，努力形成劳动光荣、知识崇高、人才宝贵、创造伟大的时代新风，不断增强全社会的创造活力。

“四个尊重”立意深远、内涵丰富，体现了我们党对劳动、知识、人才和创造的高度尊崇，是对马克思主义劳动和劳动价值理论的新发展；它集中体现了新形势下国家和民族的崭新时代风尚，对于调动一切积极因素，激发全社会创造活力，加快全面建成小康社会，努力构建社会主义和谐社会，具有重大指导意义。

落实“尊重劳动、尊重知识、尊重人才、尊重创造”的方针，要在新的实践中不断丰富和发展马克思主义的劳动价值论，尊重和保护一切有益于人民和社会的劳动，把调动、发挥、保护人的主观能动性和创造精神作为主要任务，保护一

① 《江泽民文选》第三卷，人民出版社2006年版，第540页。

切合法收入；要以制度创新激发体制活力，革除一切影响发展的体制弊端，形成反映生产力发展和人民群众要求的新体制，以科技创新激发经济活力，通过新的发明创造实现社会生产质的飞跃。

劳动光荣、知识崇高、人才宝贵、创造伟大的时代新风，集中体现和统一于新时期新阶段我们民族尊重劳动、崇尚创造性劳动的核心价值观。它适应了全面建设小康社会宏伟目标的时代需要，是引领我们全社会奋发前行、克难攻坚的精神动力。

要在全社会营造“四个尊重”的价值导向。要以社会主义核心价值观为统领，通过舆论宣传、示范效应和激励措施等全方位努力，在全社会提倡热爱劳动，尊重知识和人才，崇尚创造性劳动的主流价值意识和社会风尚。同时，要优化“四个尊重”的政策环境。要在全社会进一步坚持和完善“四个尊重”的政策导向，从政策上保障人民群众从事辛勤劳动、合法经营、锐意进取、大胆创新的劳动权利，鼓励人民群众履行各种应尽的社会义务。还要通过各种法律和政策的实施，保障劳动人民依法享有的民主权利、社会地位和社会福利，做到各得其所，并使广大劳动者真正成为国家和社会的主人，使人民在劳动中自己掌握自己的命运，创造自己的幸福生活。此外，要形成“四个尊重”的利益导向。要按照党的十六大报告提出的要求，“完善按劳分配为主体、多种分配方式并存的分配制度”，“营造鼓励人们干事业、支持人们干成事业的社会氛围，放手让一切劳动、知识、技术、管理和资本的活力竞相迸发，让一切创造社会财富的源泉充分涌流，以造福于人民”。

党的十八大报告强调指出，“要尊重劳动、尊重知识、尊重人才、尊重创造，加快确立人才优先发展战略布局，造就规模宏大、素质优良的人才队伍，推动我国由人才大国迈向人才强国”。

7.3.3　创新共建机制

共建共享实践的展开，无疑应从解决人民群众最关心、最直接、最现实的利益问题入手。但更重要的恐怕还是要找到人民群众利益问题产生的体制性根源，为共建共享提供可靠的制度性保障。

区别于传统单一的社会治理模式，现代社会建设和社会管理既强调政府“自上而下”地向社会提供公共服务，也要求社会“自下而上”地开展自我服务。社会建设必须树立多方参与、协同共建的理念。在不断提升社会参与共建能力的同时，综合运用市场“无形之手”、政府“有形之手”和社会“隐形之手”，最大限度地调动一切积极因素激发社会活力，并最终形成社会建设的共建合力。

在推进社会建设的过程中，社会本体如何发育和运作？社会力量如何组织和动员？社会参与如何推动和实现？政府、社会组织和民众这三大社会建设主体如何才能形成共建合力呢？各地的有益探索经验表明，建立共建协调机制，实现多元共治是重要环节。通过共建协调机制，共同研究解决和谐社会建设中存在的问题，以制度等长效机制的形式来保障社会各界、人民群众和社会组织能够在社会建设中表达意见，实现利益诉求，积极参与到和谐社会的建设之中。

毋庸置疑，各类基层社区是社会建设的主要载体，社会建设的重心就在基层。这就需要充分发展基础民主，畅通民主渠道，健全基层选举、议事、公开、述职、问责等机制。开展形式多样的基层民主协商，推进基层协商制度化，建立健全居民、村民监督机制，促进群众在城乡社区治理、基层公共事务和公益事业中依法自我管理、自我服务、自我教育、自我监督。

探索建构新形势下社会共建模式的前提是必须改变政府在社会建设中包揽一切的做法，通过推行“政经分离”、“政社分离”，解决好政府越位、虚位、错位和缺位问题，并逐步实现行政职能归位、服务职能下移，让基层组织可以集中精力参与社会建设。在这一前提下，引入基层自治、购买社会服务、培养和培训社工、志愿者等基层共建力量，才会有充足的空间和平台。

党的十八大报告提出，引导社会组织健康有序发展，充分发挥群众参与社会管理的基础作用。社会组织在政府和社会、政府和企业之间搭建了一个交流、对话与合作的平台，它们在履行政府赋予的行业管理职能，加强行业自律，解决贸易纠纷，发展教育科学和文化卫生事业，保护生态，扶贫济困，化解社会矛盾等方面都发挥了积极作用。社会组织深入基层社区，开展形式多样的群众活动，广泛了解群众的要求和愿望，积极向党和政府提出意见与建议，调解社会矛盾，促进人际和谐，密切了党群干群关系，推动了民主法制建设。

要让深植于民众生活土壤之中的社会组织真正成为共建的生力军，就要重点培育、优先发展行业协会商会类、科技类、公益慈善类、城乡社区服务类社会组织。要改变长期以来社会组织管理方面存在的“重登记、轻监管”现象。要不断创新机制和平台，拓展社会组织参与社会公共服务的广度和深度，使其成为政府行动的有效支撑和补充，成为社会建设的宝贵资源。

随着改革开放不断深入和中国工业化、信息化、城镇化、市场化、国际化的持续发展，“社会结构、社会组织形式、社会利益格局发生深刻变化”，社会阶级阶层结构发生显著分化，社会利益格局出现深刻调整，全社会出现了诸多社会新阶层和日益多样化的利益诉求。

阶层关系是整个社会关系的核心表现形态，和谐阶层关系是和谐社会的重要基础，协调好阶层之间的利益关系是实现阶层和谐的关键。因此，应从社会政策和社会制度改革和创新上探求社会阶层和谐的途径，形成社会阶层之间良性的、公正合理的互动结构。

第 8 章　促进阶层和谐

正确把握我国转型期社会阶层分化与构建社会主义和谐社会、全面建成小康社会总要求之间的内在联系，注重社会阶层分化过程中出现的突出问题，在深入而系统的理论分析基础上加强对策性回应，对于合理引导社会阶层分化健康发展，正确处理和化解各种社会矛盾和冲突，实现社会各阶层在共享改革发展成果基础上和谐相处，巩固和拓新党的执政基础，都具有重要的现实意义。

8.1　社会阶层结构的变迁

改革开放以来，随着市场经济的逐步确立和经济社会的持续快速发展，中国的经济结构发生了一系列重大变化：从社会主义计划经济体制逐步转变为社会主义市场经济体制，从单一公有制结构逐步转变为以公有制为主体、多种经济成分并存和共同发展的所有制结构，从初步工业化的产业结构开始逐步向初步现代化的产业结构转变。相应地，由社会经济结构决定的社会利益关系结构出现深刻变动，进而引起社会阶级阶层结构的变迁。

8.1.1　阶层分化机制

社会分层的研究能够客观描述社会成员的基本构成，揭示社会资源配置的机制，对社会阶层结构做出价值判断。通过对社会阶层的研究还可发现造成社会等级差别的原因，剖析错综复杂的社会利益关系结构。

不少学者探讨了市场转型过程中中国社会分层结构诸阶层间的相互作用关系和结构整合机制的变革。多数学者认为，1978 年前的中国在社会主义计划体制中有着特定的社会分层体系，主要是“身份制”、“单位制”、“行政制”为主的分层机制，表现为主要以血缘、政治、户籍为标准的身份认同和刚性的整体性社会特征。改革开放以来，随着市场机制的兴起和再分配机制的弱化，职业在社会分层机制中的重要性凸显出来，成为社会分层的主要标准，人们更多地依靠自致性因素来提高自身社会地位，社会流动频率总体加快，呈现多元社会分层的弹性社会特征。

社会分层是一种隐藏在社会结构内部的关系，它反映着社会资源在各利益群体间的一种分配。在综合考察社会不同成员与生产资料关系的基础上，即在对当前中国社会结构进行阶级分析的基础上，以劳动分工和职业区别作为阶层区分的重要依据，并辅之以其他必要标准，比较符合当前中国社会阶级阶层结构的实际情况，是研究当前中国社会阶级阶层状况的比较科学和可行的方法。

社会新阶层的出现和发育需要具备相应的条件，这就是多种经营方式和分配方式的出现以及随之而来的“自由流动资源”与“自由活动空间”的出现。在党的政策主导和行政调控下，个体和私营经济迅速发展，私人雇工被默许，1988 年国务院颁布了《中华人民共和国私营企业暂行条例》，1992 年邓小平发表南方谈话后随即出现所谓全民“下海”潮，不少政府官员、知识分子等离职从商，壮大了民营经济的力量，也使得民营企业家的素质发生了明显变化。同时，随着“三资”企业的发展壮大，无主管部门的股份制企业的增多，专门的管理人员或所谓白领阶层的数量相应增多。在国有大中型企业，其经营管理人员与以前作为国家官员的企业管理者也有了明显的区别。这些新的经济力量的发育，是在“谁在组织这个社会中的经济生活”这一点上发生了根本的变化，其实质是社会结构的变动。

有论者提出，在工业化和市场化两大力量推动下，导致中国社会分化的具体机制主要有四：劳动分工（或曰职业分工）、权威等级、生产资料占有与否、制度分割（国有单位、体制内外等要素）。①

处于社会主义初级阶段的中国，社会生产力尚不够发达，并且发展也很不平衡，现阶段的社会生产力状况决定着社会主义初级阶段的生产关系。中国社会主义初级阶段的生产关系是公有制为主体、多种所有制经济共同发展，所以，在中国的经济成分中除了占主体地位的公有制经济外，还存在着大量的非公有制经济，相应地，在这些新的经济成分中的从业人员就变成了新的社会阶层，但并不是一个“新生的阶级”。因为按照马克思主义关于阶级的定义，所谓阶级就是这样一些集团，由于它们在一定社会经济结构中所处的地位不同，其中一个集团能够占有另一个集团的劳动。阶级的这一定义明确告诉我们，阶级是生产资料私有制的产物，在私有制社会中，一定的社会集团在生产关系中地位不同，对社会财富的支配方式不同，就决定了它们分属于不同的阶级。而在工人阶级掌握国家政权的社会主义公有制占主体的历史条件下，中国现阶段出现的新社会阶层就不是新生的阶级，更不可能是一个新生的资产阶级。一是他们既没有形成任何一种代表其利益、政治要求的全国性的统一政治组织，更没有联合起来形成一支有组织的政治力量。二是我国已经消灭了剥削阶级和剥削制度，一个集团利用生产资料占有另一个集团劳动的社会制度已经被消灭了，整个社会的对抗性矛盾已经不存在。三是进入社会主义社会后，我国在经济上坚持公有制的主体地位，在政治上坚持社会主义制度和共产党的领导地位，在思想文化上坚持马列主义、毛泽东思想、中国特色社会主义理论体系的指导地位。故从大前提来说，不宜简单地运用人们对生产资料和劳动的占有关系来分析和看待中国社会的阶级关系，而应运用阶层分析方法来准确地认识这些新的社会阶层的属性、地位和作用。

---

① 李春玲：《断裂与碎片：当代中国社会阶层分化实证分析》，社会科学文献出版社2005年版，第29页。

8.1.2 社会新阶层

中国社会阶层结构的变化是中国社会转型和经济转型的核心内容，出现的新的社会阶层，包括民营科技企业的创业人员和技术人员、受聘于外资企业的管理技术人员、个体工商户、私营企业主、中介组织的从业人员、自由职业人员等。这可以视为两个阶级内部发生的变化，即在工人阶级和农民阶级内部，由于各自个体的相对利益的分化，出现了非对立的经济地位和政治地位的变化，进而形成了各阶级内部不同的阶层。由于社会环境的相对宽松和个体自由度的提高，各阶层并非固定不变，而是经常处于变动之中，并且随着社会竞争的加剧，这种变化越来越快，使得两个阶级之间或各个阶层之间的相互关系错综复杂，紧密关联，互相转化。运用阶层分析方法，能够真实地反映同一阶级内部各阶层之间的差异和根本利益上的一致性。

当前中国社会阶级阶层结构尚处在继续变化之中，一些新的社会阶层和群体还在继续出现；已经发展至相当规模的一些社会阶层或群体还具有明显的“过渡性”，如农民工兼有农民和工人的特征，国有企业经理兼有干部和经理的特征，私营企业主兼有经理和业主的特征；部分社会成员的阶级阶层属性尚不清晰；某些阶层的经济利益、发展要求等尚不完全明朗，有待于继续观察。针对当前社会建设以及社会政策和社会管理等领域出现的许多新问题，应与时俱进，对如何确立和运用区分阶级阶层的科学标准进行积极的探索，作出明确的回答。

有论者对社会新阶层的成因、内涵、类型、特征等方面进行了实证调研和理论分析。其中，最具代表性的是中国社科院社会学所“当代中国社会结构变迁研究”课程组提出的“十大社会阶层模型”。此模型依据对当代中国社会组织资源、经济资源、文化资源的拥有或掌控状况，划分出各社会群体在阶层结构中的位置以及个人的综合社会经济地位，提出了当代中国的十个社会阶层，即拥有组织资源的国家与社会管理者阶层、拥有文化资源或组织资源的经理人员阶层、拥有经济资源的私营企业主阶层、拥有文化资源的专业技术阶层、拥有少量文化资源或组织资源的办事人员阶层、拥有少量经济资源的个体工商户阶层、拥有很少量的三种资源的商业服务业员工阶层、产业工人阶层、农业劳动者阶层以及基本没有资源的城乡无业、失业、半失业者阶层等。① 该课题组还借助戈德索普的做法，将十大社会阶层转化为五个大的社会等级：社会上层、中上层、中中层、中下层和社会底层。

运用科学的阶层分析方法有利于对社会新阶层进行准确定位，尤其是对新社会阶层的政治定位关系到他们的积极性和创造性的发挥。中国社会新阶层大多是在允许和鼓励一部分地区、一部分人通过诚实劳动和合法经营先富起来的政策下出现的，并且他们中很多人原先是国有企业的经营管理人员及下岗职工，或是党政部门、事业单位的机关干部，或是高等院校和科研院所的科技人员，或是复员及转业军人以及归国留学人员等，其中有的政治身份还是共产党员、共青团员。所以，社会新阶层本身从根本上看仍然属于中国工人阶级和农民阶级的一分子，并且社会新阶层的广大人员所依存的非公有制经济是中国社会主义市场经济的重要组成部分。

8.1.3 一致性和多样性的统一

从新的历史条件下我国社会发展多样性的角度，不难发现当前中国社会阶层结构的多样性或复合型特征。在 2001 年的全国统战工作会议上，江泽民曾侧重从统一战线的角度对中国社会的一致性和多样性作了深刻论述。

改革开放以来，我国社会的一致性有了很大的发展。就大陆范围内来看，主要表现在四个方面：一是在经济上坚持公有制的主体地位；二是在政治上坚持社会主义制度和共产党的领导地位；三是在思想文化上坚持马克思主义的指导地位；四是在奋斗目标上，都是为了建设一个富强、民主、文明、和谐的社会主义现代化国家。

在社会一致性不断增强的同时，多样性也有了很大发

---

① 陆学艺：《当代中国社会阶层研究报告》，社会科学文献出版社 2002 年版，第 8~10 页。

展。社会多样化发展主要体现为社会经济成分、组织形式、就业方式、利益关系和分配方式的多样化发展。社会多样化发展使社会发展进入持续的结构分化和变迁的发展时期，社会的发育和成长将体现为许多新的组织、阶层、集团和行业的不断涌现，使得个人在社会中有了更大的选择空间和发展空间，同时也有可能扮演更多重的社会角色。这主要表现在如下方面：

其一，随着我国经济、社会结构的深刻变化，社会个体化在不断发展。社会结构变化始于社会个体化发展，而社会个体化在根本上是由社会主义市场经济推动的。所谓的社会个体化，主要相对于传统体制下的社会单位化而言，其本质是社会成员的社会存在逐渐从作为单位人的存在，转向作为独立的社会人的存在，从而使得社会成员的个体日益成为社会结构中的基本要素。

其二，社会结构日益分化为以个体为单位的结构形式。社会个体化发展必然导致社会横向的分层化发展和纵向的多样化发展，社会分层化与社会多样化发展是互为因果的。所谓社会分层化发展包括两个方面：一是原有的社会阶级与阶层随着社会利益分化而出现的分层；二是新的社会力量所构成的社会阶层。社会分层化的发展趋势，将深刻改变社会的基本关系与社会利益结构，从而引发新的社会矛盾与冲突，这就给社会的协调与整合带来新的要求。我国因此出现了多种经济成分、多种分配方式，产生了许多新的利益群体和社会组织，其中最深刻的变化是工人、农民和知识分子发生了程度不同的分化组合。工人已不再是单一的国有或集体企业里的工人，农民也不完全是传统意义上的农民，知识分子的分化流动更加明显。

其三，多阶层、多党派、多民族、多宗教的格局继续存在，其内部状况发生了新的变化。民主党派成员的数量从新中国成立初期的 1 万多人增长到改革开放初期的 6 万多人，再到 2011 年的 84 万人，其成员绝大多数是新中国成立后出生的。宗教教职人员有 36 万多人，基督教徒已经发展到 1500 多万人，信教群众的数量达 1 亿多人，宗教团体已达 5500 多个，并且还在增加之中。

其四，香港、澳门回归后，形成了不同社会制度、不同意识形态和不同生活方式共同存在的局面。

我国社会一致性和多样性的统一，是当代中国社会的重要特征，是社会主义市场经济发展的必然趋势，既是新的历史条件下构建和谐社会的客观社会基础，也从根本上回答了在新的历史条件下通过阶层和谐来加强和谐社会建设的问题。

8.2 调适阶层关系

考察改革开放以来中国社会利益关系结构的变迁，有利于探究社会阶层结构变迁的内在驱动力及其实在性，也有利于将和谐社会的分析建构在执政活动的本质与合目的性的结合点上。认识社会主义初级阶段尤其是新时期以来整个社会的利益分化、利益群体、利益关系结构和利益矛盾，是充分调动各方利益主体的积极性，合理有效地协调国家、集体和个人三者利益关系问题，建立均衡调适各阶层不同利益关系的机制，实现社会和谐的充要条件。

8.2.1 利益关系结构变迁

探讨社会主义初级阶段的利益关系结构问题，不能离开其赖以存在的经济土壤，即要从社会主义初级阶段的经济关系及其特征入手。

新时期以来的中国社会结构的变动肇始于社会利益结构的变动。而在当代中国，社会利益结构以党的十一届三中全会为界限，前后形成了巨大的差别。在 1949—1978 年的 30 年间，建立在单一公有制和计划经济体制之上的中国社会利益结构是一种整体性的结构，其基本特点是：个体利益绝对地服从整体的利益；个体之间在国家的控制与调节之下实现平均化。在这种利益结构中，国家占有至高无上的地位、控制绝大部分社会资源，国家利益是各种活动的出发点和归宿，群体利益和个人利益被淹没在国家利益之中，没有多少表达权，经济利益关系固有的多样性、流动性被单一的所有制结构和刚性的行政权力所压制。

改革开放后，首先也是最大的变革就是社会利益关系的变化。在农村联产承包责任制普遍发展起来以后，中央政策的一个重大变化就是允许公有制之外的多种所有制的存在。这样就造成了利益源泉的多元化、利益主体的多样化，使人们有可能突破公有制的限制而到体制之外去追求利益。

渐次展开的市场经济又加速了这个过程。市场经济突出了个人利益和群体利益的作用。这就使得利益格局的重心发生裂变和转移，原本以国家利益为绝对重心的局面正在被无数崛起中的个人和群体利益所改变，成为一个“利益分化的政治时代”或者利益主体“碎片化”的年代。同时，市场经济体制主要地建立在土地使用权和部分生产资料归个人所有的基础之上，独立的生产要素间的相互协作，促使拥有这些生产要素的个人在经济利益的驱动下自觉自愿地分工和结合，而非像以往那样靠国家强制力硬性地捏合在一起，这就为全新意义上的利益群体的出现奠定了现实的物质基础。

在这个过程中，有两个基本事实可以确认。一是由国家统一集中管理、占有和分配的各种资源的体制格局业已被打破，并逐步松动和瓦解，单位对国家和上级单位的依赖性在不断弱化；二是随着社会化服务功能以及人们需要满足和利益实现方式和途径的日益多样化，个人及单位成员对单位组织的依赖性在逐步地弱化。在这种变化和一系列政策背景下，中国出现了比较纯粹意义上的私营(或民营)、侨胞、港台澳、外资等工商业社会组织。这些工商业社会组织连同稍后出现的社会中介组织，均已不复具备 1978 年前单位组织的社会特征，均可概称为非公有制经济组织。

有论者指出，社会利益结构的最大特点就在于它具有一种转化功能，可以将人们外部的各种关系(包括经济的、政治的、意识形态的关系)转化为人们的内在要求，然后再通过利益结构的外在形式而表现出来。所以，这一特点使利益结构具有极大的普遍性与灵活性，它既是经济、政治、意识形态三大领域的“公约数”，又能随时与三大体系联系起来发挥作用，从而使利益结构成为一个非常重要而且不可替代的分析工具。

8.2.2　阶层固化

古往今来，社会差别通过代际更迭而具有一定“遗传性”，父辈的先赋性因素起着不可替代的作用，形成费孝通在《乡土中国》中所讲的“差序格局”。这是古今中外的一个正常现象。而且，从社会公平正义的角度看，主要由上一代人在能为其子女提供经济、文化、社会资源方面存在的差异，经由受教育机会、所获得的经济与组织资源的放大与强化效应直接导致上代人的优势或劣势烙印在下一代人身上，成为下代人自身的社会特征。但这一现象如果没有阻碍其他人凭借自己禀赋和后天努力而功成名就的路途，那么这个社会还是相对公平的。或者说，判断一个社会的公平程度，主要看人们获得教育、职业、收入三个重要社会地位的机会分布。

竞争和分层是正常社会现象，社会成员个体能力素质的差异，决定了部分人在竞争中势必居于优势，创造了更多社会财富，进而享受相对较多的社会产品，在这一逻辑下的社会结构和阶层之间的流动是正向的，竞争和创造得到激励，社会活力和财富涌动才能体现。在 20 世纪 80 年代的中国，许多缺乏先赋性遗传优势的寒门子弟就是通过高考而印证了奋斗可以改变人生，“知识改变命运”。

有关课题的研究项目表明，北京大学农民子女比例在 20 世纪 50 年代约为 70%，80 年代基本维持在 15%~20%，90 年代基本维持在 10%，同时期苏州大学的农民子女的比例维持在 25%左右。但进入 21 世纪以来，北京大学农村学生的比例降至如今的 5%左右。调查显示，即便是以农学为主的中国农业大学，1999 年至 2001 年，农村新生均在 39%左右，2007 年已跌至 31%。在清华大学 2010 级学生中做的一项抽样调查显示，农村生源占总人数的 17%，而该年的高考考场里，全国农村考生的比例是 62%。

实证研究进一步发现，城乡子女的高等教育入学机会差异具有明显的层次结构特征。在部属大学中，农村子女获得的入学机会远低于城市子女；在一般本科高校中，农村子女获得的入学机会略低于城市子女；在高职高专院校中，农村子女获得的入学机会高于城市子女。此外，在保送招生制度、自主招生制度和高考加分制度中，城市子女获得的机会是农村子女的 8~17 倍。

什么因素导致农村子女离一流大学越来越远？基础教育不均衡是导致差距拉大的主因。目前，基础教育阶段优质教育资源分配不均衡性加剧。“马太效应”导致大中城市里的强校越来越强，汇集优秀生源、师资与教学条件，相应地，在中小学教育中能获得优异学业成就的农村学生在减少，如此发展下去，社会上层子女将垄断精英教育。

读大学投入大、毕业工作却难找，农村子女通过教育实现向上流动的成本越来越高，动力越来越小。在毕业求职阶段，家庭背景成为一道不断升高的“隐形门槛”，有着较多社会资源的富贵家庭子女，可以较为容易地获得体面的工作、较高的收入以及更多的发展空间。这种“拼爹”现象影响就业公平，加剧了年轻人由社会底层向中间阶层以及更上阶层流动的难度。

2010 年 9 月 16 日《人民日报》发表的长篇通讯《社会底层人群向上流动面临困难》中提出了一个重要思考：穷会成为穷的原因，富会成为富的原因吗？文章认为，贫富差距加大的趋势日趋严重，“阶层固化”所导致的严峻社会现实已经摆在我们面前，再不可漠视。显然，“二代”现象折射出当前我国阶层分化过程中迅即固化的发展倾向，严重影响着社会的良性流动和活力。

陆学艺曾在《当代中国社会流动》中不无忧虑地指出，计划经济时代留下来的一些制度性障碍(如户籍制度、就业制度、人事制度、社会保障制度等)仍在阻碍着人们向上流动以获得更高社会地位，社会流动模式呈现出新老社会流动机制并存的两重性特点。对于一个社会来说，不同层次人员的流动，有利于整个社会和谐。流动越活跃、通道越畅通，社会通常越有活力。相反，如果不能在中国形成公正、合理、开放的社会阶层结构和社会流动机制，可能引发社会结构性矛盾，使中国经济的现代化发展面临困难，甚至有倒退危险。

8. 2. 3　调适阶层利益关系

阶层固化剥夺了个人通过努力获得较好生存条件和生活质量的权利。一个理想的社会，应该是富人不敢堕落，穷人看到希望。只要社会公平尚在，广大寒门子弟上升渠道未被梗阻，对自身处境、职业生涯、发展预期尚有定数，还有爱拼就能赢的机会，就不会滋生强烈的被剥夺感、不公平感乃至仇富、仇官等反社会心理，加剧社会紧张，影响社会稳定。

因此，我们应当努力营造一个有利于向上流动的社会环境和氛围，让所有人都能够怀有一个能够人生出彩的“中国梦”，即只要是中国公民，只要努力向上，不论是偏远地区农民的子女还是城市居民的子女，每个人都有平等的机会和上升的空间，都可以凭借自身的才华和拼搏，改变命运。这段话出自中国劳动学会副会长苏海南，之所以被广为引用，表明它确实道出了众多人的心声。

当教育体系自身无法承载社会流动的责任时，社会就需要有新的通道来实现社会群体向上流动的可能。但为如此庞大的社会群体提供足够资源和制度平台，以保障上下流动的渠道畅通，显然一时是难以实现的。由此引致的权力和资本介入加剧了特权对公义的侵蚀，进一步固化了下层社会阶层。

阶层固化还源于多元价值主体加大了政府协调社会的难度。社会分化带来的直接结果是导致政府政策越来越难以协调不同利益群体的需要。在多元阶层中，政府的制度安排和政策过程很难实现对所有阶层的有效覆盖，由此所有的政策过程必然无法让所有阶层满意。如果道德难以协调彼此的利益需求，冲突就必然发生。而当一方基于对冲突的感知而采取某种行动去损害对方利益时，冲突即进入公开化阶段。表现为制度不完善情况下事实存在的一部分甚至是特定阶层对另一部分人利益的侵害和占有，而另一部分人难以认可既有的政策过程，存在较大的相对被剥夺感，要求改革分配制度，完善福利保障和救济制度。①

城乡教育不均衡主要是城乡二元结构的产物，制度篱笆不破除，城乡学校资源均衡化就遥遥无期，教育资源也难以

---

① 蔡志强：《社会阶层固化的成因与对策》，《学习时报》2011年6月27日。

从“高地”流向“洼地”。因此，应完善教育保障，为发展差异性大的中国提供尽可能公平的、均等的教育政策和资源，以便保障弱势群体学生享受同等教育的权利，提高民族素质，增强落后地区群体参与竞争的能力。

自 2012 年起，多地出台异地高考政策，异地高考生从 2013 年的 4400 人增加到 2014 年的 5 万人。2013 年高考前夕，国务院常务会议决定提高重点高校招收农村学生比例，扶贫定向招生，体现了中央加强农村教育的决心。为贯彻落实党的十八届三中全会精神，促进高等学校入学机会公平，武汉大学决定从 2014 年起试行农村学生“自强计划”，即从边远、贫困、民族地区县及县以下中学实际就读，具有该县农村户籍和就读中学连续三年学籍且家庭在农村的高中毕业生中，招收符合高考报名条件，勤奋好学、成绩优良、品行端正、自强不息的学生 160 名。

阶层关系的实质是利益关系，既包括阶层收入，也包括阶层地位与政治利益。而利益关系和利益结构是社会结构的物质基础，并且是决定该社会和谐程度的重要因素。阶层之间利益关系均衡，阶层关系和谐是社会和谐稳定的基础和保证。因此，塑造健康和谐的阶层关系是当前我们构建和谐社会的一项重要任务。和谐的阶层关系主要包括三个方面的内容：社会各阶层得到有所差别且是合理的回报；社会各阶层间的相互开放和平等进入；社会各阶层间保持互惠互利的关系。

相应地，调适阶层利益关系的当务之急，是分配制度要充分体现公平性，以维护社会群体的合法权益，要能够鼓励人们合法经营，肯定人们辛勤劳动的价值，避免行政过程对一部分群体的利益造成伤害，使社会财富的积累和配给符合基本的公平原则，使阶层流动拥有激励机制。

就当前中国社会发展和治理能力建设而言，提高构建社会主义和谐社会能力的一个重要方面，就是要搞好对阶层关系的利益整合。在一些重要领域和关键环节实现改革的新突破，同时注重提高改革决策的科学性，增强改革措施的协调性，使改革兼顾到各方面利益、照顾到各方面关切，真正得到广大人民群众的拥护和支持。

8.3 加强社会整合

中国社会的利益分化与体制变迁已日益表明，中国社会的可持续发展需要中国社会整合的重组。和谐社会的实现过程，是一个社会结构不断建构、社会不断整合的过程。而这种新的社会整合的基本特点就是以契约性的社会整合为主导使社会治理达到一种最佳状态——善治。

8.3.1 长治久安之基

市场经济需要一个相当发育程度的社会，这是已经被成熟市场经济国家的实践所证明了的。一个相当发育程度的社会，实质是通过多种形式的机制，对复杂的社会生活进行组织和整合；同时也意味着，在利益分化基础上形成的不同利益群体对自己权利的行使和自组织。只有在这个基础上才有可能实现利益分化基础上新的利益整合和社会整合。可以说，这也是我们的社会长治久安的基础。

进入新世纪新阶段之后，中国社会的发展呈现一系列新的阶段性特征，使得社会主义市场经济条件下社会长治久安的基础、条件、功能和实现形式发生了一系列变化，也在一定程度上影响到社会和谐。这些变化主要表现为：

其一，整合阶层利益关系愈益成为一项复杂的系统工程，城乡二元社会结构的国情决定了现阶段整合阶层关系的重点在农村，难点也在农村。长期困扰“三农问题”的诸多因素难以转化和消弭，加之农村社会各阶层分化加快，农业劳动力人数减少，基层民主和监督机制不健全，县级和乡镇政府机构庞大，农民负担沉重，致富艰难，利益受损，相对贫困，这些问题也严重影响着趋于凋敝和破败的农村党群、干群关系。调研统计表明，目前在中国各地此起彼伏的农民维权抗争中，抗议市县政府非法或强制性征收土地、乡镇及村级组织侵犯农民土地承包权问题占65%以上，村民自治、税费等方面问题也占一定比例。

其二，阶层固化在中国社会发育不完备的情况下，极易形成社会的两极分化。一方面是不完善的制度难以避免强势阶层占有更多的政策资源；另一方面是市场经济条件下多元生产要素参与财富分配，本身就可能造成财富实现的巨大差异。

其三，阶层固化背后“利益固化的藩篱”成为全面深化改革的巨大阻力。2013 年“两会”期间，习近平总书记参加上海团审议时强调：改革“要勇于冲破思想观念的障碍和利益固化的藩篱，敢于啃硬骨头，敢于涉险滩”。① 多年以来，一些重点领域和关键环节的改革未能取得显著突破，原因首先在于改革共识难以形成，阻力主要来自两个方面：一是既得利益，二是既有权力。一些系统性的利益格局已经固化，当初的一些改革受益者为了维护自身利益已经沦为改革继续推进的阻力，要打破盘根错节的固化利益格局，必然困难重重，垄断行业、收入分配、资源价格、财税体制、社会保障等领域的改革莫不如此。

2010 年 4 月 13 日，辽宁省庄河市政府大门前聚集了上千名反映村干部涉嫌腐败问题的村民，村民们要求市长出面接待但遭拒，于是在政府大楼门口集体下跪。这震惊中外的一幕发生在 21 世纪的社会主义中国，令人有恍如隔世之感。淳朴的广大村民们显然是因为常规救济通道已被堵塞，万般无奈之际下跪则表明他们对政府尚抱有希望，渴望用合法且合程序的方式解决问题。庄河市政府漠视汹涌的民情，将群众利益诉求拒之门外，只会激化矛盾，使小事变大。

社会阶层结构发展变化的表象特征是形成了人与人之间在经济、政治、社会地位上的差异性，由此也产生了社会结构内部的差异和矛盾。而社会阶层之间的差异和矛盾是我国新时期新阶段人民内部矛盾的最集中表现，处理好这些矛盾，事关改革、发展、社会稳定的大局。因为社会分层既是严肃的理论问题，同时也是重要的现实问题。特别在当代社会变迁加快加速的历史新阶段，社会成员结构处于不断调适、重组之中，利益关系被不断打破、重构，必然引致一系列利益冲突，所以合理调整社会阶层结构是党和国家的基本政策之一。面对着当代中国社会阶层的快速分化，新阶层的不断涌现，社会利益结构的改变，利益群体的分化、重组的

---

① 《人民日报》，2013 年 3 月 6 日第 1 版。

新局面，构建新型的社会整合机制，强化社会整合的重大课题就提上了日程。强化执政党的社会整合功能，需真正突破或告别计划体制条件下的泛政治化的社会整合，实现社会整合的新格局，这是新的历史条件下我们党进行有效政治动员，拓新执政合法性资源的关键。

8.3.2 弥合社会裂痕

现代社会基本是一个分化的社会，各国大抵如此，差别在于程度不同而已。从计划体制向市场体制转型，从一定意义上说是利益的分化重组过程。这种利益分化虽然增加了社会异质性和经济增长的活力，但也加重了某些单位和个人对资源和机会的垄断性，扩大了不平等，不可避免会出现贫富分化和社会利益冲突。

譬如养老金并轨何以会引起体制内公务员的抵触？异地高考改革何以会引起部分有北京户口的市民的抵触，并在市教委门前与外地来京发展的家长发生冲突？如前所述，目前中国社会结构在经历分化后开始走向稳定与成熟，利益藩篱、制度壁垒、社会壁垒随处隐然可现，处于不同阶层的“二代”及其家庭，构成了中国当下语境下的“穷人”和“富人”两大区隔。强势群体在社会变革中积累和聚集了经济财富、组织资源、文化资本、人脉关系等影响个人发展的社会因素，弱势群体借以改变自身地位、向上流动的机会在减少，成本在增加，这两种现象相互叠加，使得社会出现断裂，弥合难度增大。自媒体时代微博、微信的流行语汇中，如“屌丝”、“逆袭”、“矮矬穷”、“恨爹不成刚”、“羡慕嫉妒恨”、“伤不起”等这类词汇，一定程度上映射出弱势群体的失衡心理或民粹化情绪。

回顾改革开放以来中国利益格局的调整和形成历程，可以看到，进入20世纪90年代中后期，中国社会分化开始趋于定型化。阶层之间的边界开始形成，阶层内部认同趋于形成。此外，阶层之间的流动开始减少且门槛加高，社会阶层的再生产出现，也就是古代所谓农之子恒为农、商之子恒为商的现象开始出现。这表明，在社会等级与分层结构上，不同阶层和群体之间缺乏有效的整合机制。城乡之间的断裂表现在文化以及社会生活的许多层面。而且，如有些论者所担忧的那样，如果获利阶层片面强调稳定压倒一切，或者动辄对改革声音进行意识形态层面的讨伐，就会造成一种改革裹步不前的局面：触动基本利益格局的体制变革无法实施，促进社会公平与正义的改革举步维艰，社会中现有的基本利益格局愈发稳固。因此，改革开放 30 多年的过程，在一定意义上讲就是利益分化的过程。利益的分化，从小到大，从弱到强。时至今日，分化的利益已经开始定型化为一种相对稳定的社会结构。当下我国发生的各种社会热点事件，大多可以在“利益格局深刻调整”①的框架下来理解。

30 余年的改革开放，基本上把改革前明显的社会不公正问题解决了(如以政治身份来确定其社会地位)，但有的没有解决(如城乡身份问题)。改革以后又出现了新的社会不公正问题。其中一个值得注意的是，对改革代价的承担和对改革收益的分享发生错位。从逻辑上讲，对改革成本和风险承担最大的阶层，应获得较多的改革收益；对改革成本和风险承担小的社会阶层，应获得较少的改革收益；而中国的现实情况是扭曲的：改革中获益最大的是各级掌权者及其亲属和朋友，改革受益较小的是工人和农民。而对改革的成本和风险的承担，后者比前者大得多。

诚然，新时代深化改革的特点之一，就是面临的利益矛盾更为突出，既涉及增量利益的合理分配，又涉及存量利益格局的调整，对利益关系的调整和平衡将牵动和影响发展稳定的大局。现在一些改革久推不动或效果不佳，一个重要原因，是主要针对新增的改革对象，而无法触动早期改革的既得利益群体。

社会利益急剧分化状态下，各种新社会要素的介入，使旧的规范和制度越来越不适应。利益分化过程中不同社会要素以多种方式发生联系，但彼此间的结合较为脆弱，且具有过渡性，因此新的规范和制度的建构还不具备一定的方向性或选择性，这就使得阶层利益的弥合难以平顺地进行。由于

① 《十六大以来重要文献选编》(下)，中央文献出版社 2008 年版，第 960 页。

原有大一统的同质性社会被分离成众多相对独立的异质体，在社会的整体与局部、宏观与微观、局部与局部之间造成许多利益边界，这些利益边界成为规范真空的主要部位。社会利益不协调、不平衡的变动，使各结构部分所适用的规范之间出现了距离，甚至相差悬殊以至尖锐对立，异质的规范不能迅速地达到平衡、协调。

8.3.3　整合社会之道

尽管我国社会中新型的社会整合的框架还比较模糊，但除了政府不可推卸的职责理应充分发挥之外，市场、社区、社会组织、文化价值等在中国社会的整合中，已经开始发挥着日益重要的作用。对此，统筹兼顾这一科学发展观的根本方法，应作为整合社会之道的方法论原则。正如习近平总书记在党的十八大结束后考察深圳时指出的那样，改革已经进入攻坚期和深水区，我们必须以更大的政治勇气和智慧，不失时机深化重要领域改革。深化改革开放，要坚定信心、凝聚共识、统筹谋划、协同推进。

改革开放以来，非国有制经济组织大量出现，单位之外的可替性社会利益资源增多，单位的吸引力已大大减弱，单位的整合能力不断下降。这为社区的发展提供了机遇。落实社会职能的最基本的载体是社区。社会的变革开创了社区整合的新领域：让企业和事业单位成为真正的社会劳动单位，而让社区承担更多的社会整合功能。以社区为基础的社会整合需要充分发挥政府、社会组织、社会公众等多方面的积极性，形成政府调控、社会组织和社会公众协同参与的社会管理与整合新机制。因此，要大力培育、发展各种社区自治组织，发挥各类社区自治组织提供服务、反映诉求、规范行为的作用。引导更多的社会力量参与社会管理和社会整合。

市场体制的一个重要功能，在于可以吸收社会利益分化过程中的分散性结构要素，从而使其共同容纳到市场体制中来，促进社会整合。社会利益分化的日益复杂多变性，靠人为的论证与预测往往具有局限性和不可靠性，而市场体制则可以使分离性要素在市场调节作用下建构起一种新的联系而取得新的整合。随着我国社会主义市场体制的不断健全以及其决定性作用的不断彰显，这种整合也应不断完善，并且在这一过程中，人们将建构起与新的社会整合相适应的心理、观念以及行为的认同取向，社会利益分化的暂时停滞与局部倒退现象也将在这一过程中逐步消失。

社会组织尤其是行业协会，在规范市场秩序、开展行业自律、制定行业标准、调解贸易纠纷等方面，已经成为市场经济体系中的重要力量，社会组织还有力地弥补了政府公共服务的不足。各种社会组织合作的程度越高，越需要一批中间组织来整合社会组织之间的利益关系。随着政企分开和现代企业制度的建构，社会组织在新的社会条件下根据新的要求发挥了这一功能。

社会主义最大的优越性就是共同富裕，这是体现社会主义本质的一个东西。执政党在初次分配时，要健全市场格局，辅以必要的行政手段，以效率为前提，贯彻按劳分配和按生产要素分配相结合的原则，让激励性和效率性收入分配到位，保证社会充满生机与活力。要实现各方主体取得社会资源的机会平等。如土地、资金、技术、经营权力，上市资格等，企业应当以平等的身份，以同等的机会，通过公平交易和平等竞争得到这些资源。在再次分配时，要注重公平。要规范市场格局，打破垄断，取消特权，建立起统一、开放、竞争、有序的市场秩序。改善税收征管体制，保护合法收入，没收非法收入，整顿不合理收入，调节过高收入，提高低收入者收入水平。通过国家的干预和调节，保证社会全体成员共享社会发展成果，从而实现利益分配上的整合。

此外，社会主义核心价值观在社会整合中的作用应予重视。在众声喧哗、改革难成共识的当下，基于不同利益诉求的社会各阶层的不同思想、行为显然难以协调，“三个倡导”虽然只有短短 12 个词 24 个字，但意蕴丰富，精辟概括了社会主义所崇尚的一系列基本价值理念，涵盖中国特色社会主义的奋斗目标、社会理想、行为准则，体现了对国家、社会、个人不同层面的价值要求，是对社会各阶层、各利益群体的规范要求。因此，要把培育和弘扬社会主义核心价值观作为凝魂聚气、强基固本的基础工程，注意把我们所提倡的与人们日常生活紧密联系起来，形成有利于培育和弘扬社会主义核心价值观的生活情景和社会氛围，使核心价值观的影响像空气一样无所不在、无时不有。正如习近平总书记在中共中央政治局第十三次集体学习时强调的那样，“培育和弘扬核心价值观，有效整合社会意识，是社会系统得以正常运转、社会秩序得以有效维护的重要途径”。①

① 《人民日报》，2014 年 2 月 26 日第 1 版。

习近平总书记在第十二届全国人大一次会议上的讲话中强调："中国梦归根到底是人民的梦，必须紧紧依靠人民来实现，必须不断为人民造福。"①中国梦就是人民的幸福梦，让中国人有更多的福祉，百姓享受到丰盈民生。国家好、民族好，大家才会好，才会幸福。在实现民族复兴的征程中，唯有将个人梦寄托于国家之梦，梦想才有成真的可能，才有幸福可言。推进以民生为重的社会建设，就是"努力建设人民安居乐业、城乡共同繁荣、人与自然和谐相处的幸福美好新家园"。②

第9章　构建幸福家园

国民幸福感是一国之民在生活满意度基础上形成的一种积极心理体验，往往反映的是一种社会事实或社会生活状况，体现的是民众在一定时期生活质量的变化程度。它是与诸如被剥夺感、不公平感、焦虑感、顿挫感、绝望感等撇开干系的一种自足状态，展示的是一幅幸福家园的美好社会图景：全体人民各尽其能、各得其所而又和谐相处。"各尽其能"意味着民众潜能的充分发挥，"各得其所"意味着民众生存需要的充分满足。从这个角度讲，国民幸福感的意蕴与构建社会主义和谐社会的目标有着高度的契合。

9.1　国民幸福感的和谐意蕴

不丹王国位于中国和印度之间喜马拉雅山脉东段南坡，经济相当落后，但却是全球"国民幸福总值"(Gross National Happiness，GNH)最高的国家。它被称为世界上存在的唯一一个以物质和精神的富有作为国家经济发展政策之源，并取得成功的国家。去不丹旅游过的人往往会感到，这是一片宁

---

① 《人民日报》，2013年3月18日第1版。

② 《十七大以来重要文献选编》(上)，中央文献出版社2009年版，第640页。

静和谐的幸福家园，仿佛回到心灵的故乡，给人以纯粹的快乐。可见，不丹国民的幸福指数内在地包含着和谐意蕴。

9.1.1 “幸福指数”

2012年国庆长假期间，央视记者在全国各地采访了各类职业的普通百姓，以“你幸福吗?”为主题进行街头采访。被访者几乎毫无准备地面对提问，面对镜头反应各异，这些细节原生态地呈现在新闻中。北京晚报记者金力维认为，在当今幸福是一个敏感而严肃的话题，生活中认为自己真幸福的不多，房价高昂、交通堵塞、人际关系冷漠、社会充满戾气、特权与腐败引发的社会不公……在这样的社会环境中，“你幸福吗?”似乎变得难以简单回答，“是与不是”都显得过于草率。所以当央视表示九成人称自己“幸福”时，很多人都觉得难以置信，引起争议在所难免。

自此以后，关于幸福和幸福指数的讨论受到关注，也成为我国学术理论界的一个热门话题。那么，幸福指数的具体内涵有哪些？国内外学者又有哪些不同见解呢?

就个体而言，幸福感源于一种心理体验，它既是对生活的客观条件和所处状态的一种事实判断，又是对生活的主观意义和满足程度的一种价值判断。它表现为在生活满意度基础上产生的一种积极心理体验。而幸福指数(Happiness Index)，是幸福感的量化，是衡量幸福这种感受具体程度的主观指标数值。就某一国家来说，国民幸福指数，或者国民幸福总值，则是衡量人们对自身生存和发展状况的感受和体验，即人们的幸福感的一种指数。

国民幸福指数最早是在20世纪70年代由不丹王国的国王吉格梅·辛格·旺楚克提出的，他认为政策应该关注幸福，并应以实现幸福为目标，人生基本的问题是如何在物质生活和精神生活之间保持平衡。在这种执政理念下，不丹创造性地提出了由政府善治、经济增长、文化发展和环境保护四级组成的“国民幸福总值”指标。多年来，在人均GDP不足1000美元的不丹，国民总体生活得较幸福。“不丹模式”引起了世界关注。

由“不丹模式”衍生出来的“国民幸福指数”吸引了多国

学者的眼光，其中大多数纷纷对此表示赞同，称它有助于推动大国观念转变，发达国家政府应放弃将幸福感与不考虑环境代价的宏观经济数字联系在一起的做法，而应将注意力集中在“长久、幸福和有意义”的生活和福利上。美国、英国、荷兰、日本等国已开始研究幸福指数，并创设了不同模式的幸福指数。最早提出“幸福指数”概念的是 20 世纪 50 年代的美国经济学家、诺贝尔奖得主萨缪尔森，他认为幸福 = 效用/欲望，即幸福与效用成正比、与欲望成反比。他还把影响效用的因素分为物质财富、健康长寿、环境改善、社会公正、人的自尊五大类。

英国心理学家罗斯威尔等通过长时间的研究后认为，真正的幸福可以用一个公式来表示，即幸福 = P + 5E + 3H。其中，P 代表个人性格，包括个性、应变能力、适应能力、人生观、世界观、忍耐力等；E 代表生存需求，包括健康、交友状况、财富等；H 代表高级心理需求，包括自尊、自我期许、雄心、幽默感等。澳大利亚心理学家库克则将幸福指数分为两种形式，一种是个人幸福指数，包括人们自己的生活水平、健康状况、在生活中所取得的成就、人际关系、安全状况、社会参与、未来保障等方面；另一种是国家幸福指数，包括人们对国家当前的经济形势、自然环境状况、社会状况、政府、商业形势、国家安全状况等多个方面的评价。

我国学者对幸福指数的研究始于 20 世纪 90 年代。学者们从不同角度对幸福指数及其指标体系进行研究并提出了看法。北京工商大学世界经济研究中心主任季铸教授认为，国民幸福指数是衡量一个国家或地区生态环境、政府管理、经济发展、社会进步、居民生活与幸福水平的指标性工具。如深圳社科院在做“和谐深圳”社会调查考评时，分三类指标测量居民的幸福感：A 类指标：涉及认知范畴的生活满意程度，包括生存状况满意度（如就业、收入、社会保障等），生活质量满意度（如居住状况、医疗状况、教育状况等）。B 类指标：涉及情感范畴的心态和情绪愉悦程度，包括精神紧张程度、心态等。C 类指标：指人际以及个体与社会的和谐程度，包括对人际交往的满意程度、身份认同以及个人幸福与社会和城市发展之间的关系。

总之，对幸福的追求是人类社会不断发展进步的重要动力。随着社会生活水平的日益提高，人们对幸福的追求也越来越强烈。人们在满足或基本满足了物质生活需求之后，逐渐把目光聚焦到集物质富裕、政治民主、精神文明、社会和谐等于一体的幸福指数上来。

9.1.2 “幸福危机”

2013 年夏，由中宏保险与《理财周报》联合发起的“中国中产家庭幸福指数调查”在沪出炉，调查对全国 10 个城市 7 万余名 20~40 岁中产收入人群发放了问卷，选择中产家庭的标准为年收入在 5 万元以上。

调查结果显示，重庆、四川、江苏、福建四地幸福指数最高，有近半被调查者对家庭生活现状表示满意。而经济最为发达的深圳、北京、上海、浙江幸福指数最低，成为中产家庭心中“不够幸福”的城市。

显然，在考察民众的幸福指数时，最经济、最有效的方法，便是让人们对自己的主观幸福状况做出直接的评价。这种思路和做法，对考察个体幸福体验可能有一定的意义，但对于揭示隐含在幸福感之中的具有普遍意义的社会心理现象则是收效甚微。原因在于幸福体验的个体特征决定了不同个体的幸福感具有不同的含义，幸福体验的文化差异特征则决定了不同文化背景下群体的幸福感含义也不尽相同。

在歧义丛生的幸福概念下考察幸福指数，也就失去了对幸福感进行描述和比较研究的基础，因而也就失去了研究的可操作性和现实价值。国外早期的幸福指数研究者，从一开始就对这一“陷阱”保持了足够的警惕。总体生活满意感和具体生活领域满意感(例如，经济状况、工作状况、家庭生活、社会交往、休闲活动、居住环境等)成为考察幸福感的主要指标。这种研究思路明显受到了 20 世纪中期风头正劲的认知心理学的影响，对幸福感的考察被置于个体对自身生活需求满足程度的认知评价基础之上。

按一般常理，随着经济水平和社会保障的不断完善，中国家庭的生活幸福指数也在逐年提高。上述的这项调查发现，中产阶级的幸福感提升速度和程度较之其他阶层更快也更为明显，但却存在着所谓“伪幸福”现象，即在看似幸福的背后其实蕴藏着一定的“幸福危机”。中国中产家庭在住房改善、子女教育、财富管理等方面仍然存在着诸多的困惑和不足。

2012 年全国“两会”期间，全国政协委员崔永元关于月入过万元却感到钱不够花的“实话实说”引发热议，一则“北京上班族月收入 7500 元没有安全感”的新闻也在网上引起广泛共鸣。全国人大代表、西南财经大学教授易敏利称，中等收入群体是成熟社会的中坚力量，现在却陷入了群体性焦虑，因为高昂的生活成本扼杀了城市工薪阶层的财富积累能力，制约了中等收入群体的增长。

这一论调并非空穴来风，据世界银行 2008 年公布的最新标准，已成功迈入“中等偏上收入国家”的中国，也存在陷入中等收入陷阱的风险可能。所谓“中等收入陷阱”，是参照拉美地区发展教训而来的一个术语，说的是中等新兴市场国家人均 GDP 突破 1000 美元的“贫困陷阱”后，很快会奔向 1000 美元至 3000 美元的“起飞阶段”，成为“中等收入国家”。但人均 GDP 到了 3000 美元附近，很多发展中国家在快速发展中积聚的各种矛盾，如贫富差距过大、政府执政能力差、缺乏创新能力、缺乏外来风险抵御能力等集中爆发，自身体制与机制的更新进入临界，导致经济增长回落或长期停滞，从而引发更严重的社会矛盾，这一情况也被称为“拉美化陷阱”，2006 年世界银行将之命名为“中等收入陷阱”。

日本曾出现中产阶级的“下流化”，21 世纪初的 10 年，美国也出现了中产阶级的衰退。由于增长放缓并存在长期性问题，中国经济走势是否会变，甚至陷入“中等收入陷阱”，这是复旦大学和美国哥伦比亚大学学者组成的研究小组在新书《中国经济增长新引擎》中论及的难题。

素来讲究中庸之道的一部分国人成为中产阶层，按说会知足常乐并产生幸福感，但是为何会有焦虑和“幸福危机”之说呢？实际上，中产阶层焦虑源自这一收入阶层生活缺乏安全感，对今后收入和生活质量的预期难以抱有笃定的自信。这固然与国家宏观经济形势、就业状况和物价指数等相关，与调整经济发展模式和产业升级的实现程度相关，也与国家关于福利、税收的有效政策调整相关。党的十八届三中全会提出，要形成合理有序的收入分配格局，“努力实现劳动报酬增长和劳动生产率提高同步”，“健全资本、知识、技术、管理等由要素市场决定的报酬机制”，“多渠道增加居民财产性收入”，“完善以税收、社会保障、转移支付为主要手段的再分配调节机制”。也就是说，要消除貌似已达中产阶层的国人的“幸福危机”，还是需要让改革发展成果平等地惠及社会各阶层，以实现“藏富于民”，需要“扩大中等收入者比重，努力缩小城乡、区域、行业收入分配差距，逐步形成橄榄型分配格局”。①

9.1.3 “幸福指数”的矫正功能

一些研究者对发展程度不同的国家进行比较研究时发现，国家富裕程度与民众幸福感水平之间存在着较强的正相关，相关系数在0.60~0.70。尽管这一研究结果并不能推断人们的收入和所拥有财富决定着他们的幸福感水平，但它至少启发我们：一个国家能够为民众提供的生存与发展条件，与该国民众的幸福体验息息相关。而民众所具有的生存和发展条件，恰恰是政策可以关注并能够发挥作用的。

为民众谋幸福、造福于民是中国共产党的宗旨，实现中华民族伟大复兴的中国梦，就是要实现国家富强、民族振兴、人民幸福。为民众提供尽可能优越的生存与发展条件，是社会发展所遵循的重要价值标准，符合以人为本这一根本立场。

将幸福指数作为一种政策目标，具有重要的实践意义。在执政理念上，强调幸福指数对纠偏 GDP 至上或“以 GDP 论英雄”有一定功效。显而易见，这是两种截然不同的经济社会发展取向。GDP 的确可以反映一个国家的经济表现、国力与财富。但把 GDP 作为衡量一个地区发展的主要考核指标，在干部中业已形成了追求 GDP 政绩的“GDP 情结”、“GDP 膜拜”。在过去的几十年里，中国是世界上经济增长

① 《〈中共中央关于全面深化改革若干重大问题的决定〉辅导读本》，人民出版社2013年版，第45~46页。

最快的国家之一，也是世界上国内储蓄率(指银行储蓄额占GDP 的百分比)水平最高的国家之一。世界银行的统计显示，中国自 1978 年以来平均 GDP 增长率达到 9.83%的高速经济增长水平，在全球 206 个国家和地区居于前列。但中国资源浪费、生态退化和环境污染严重，在很大程度上抵消了“名义国内储蓄率”的真实性。

显然，GDP 增长只能反映经济发展的正面效应，而对于经济发展状况中的社会的发展成本、经济增长方式和为此所付出的代价、经济增长的效益和质量、社会财富的积聚和社会分配、社会公正等问题，却无法进行科学的测算和衡量。

长期以来，地方发展的政绩评估指标主要是 GDP 增速、投资规模和财政税收等偏重反映经济数量和增长速度的指标，这种单一的考核体系，造成地方唯 GDP 的发展模式，“以 GDP 论英雄”把经济发展指标作为衡量社会进步发展的核心指标和政绩考核指标，在很大程度上会驱使地方政府在经济社会政策选择上的舍本求末，相形之下，节能环保、就业、收入增长等更能反映民生问题的指标被忽视。一些地方政府在追求 GDP 绩效的利益驱动下，为了拉动经济增长，大拆大建、消耗资源、破坏生态环境，影响了经济、社会与环境的可持续发展。结果，这些折腾与民众的福利、民生的改进距离甚远甚至背道而驰。

衡量一个社会的进步与发展，最为根本的标准是这个社会是否能够很好地满足民众的生存需求、是否能够为民众提供广阔的自由发展空间、是否坚持了社会发展目标上的以人为本。从这个标准来看，反映国民主观生活质量的幸福指数，是一种以人为本的指标，恰恰可以矫正 GDP 指标带来的偏颇。

9.2　幸福感的影响因素

影响幸福指数的因素固然很多，但经济无疑是最根本的因素之一。没有一定物质财富的积累和国民可支配收入的提高，就根本谈不上国民的幸福感。所以，相当程度的经济发展是幸福感的物质前提，但除此之外，影响幸福感或幸福指数的客观因素和主管因素还很多，值得探究。

9.2.1 显性的客观因素

根据唯物史观，人的幸福感是建立在一定的物质和精神基础之上的，受经济、政治、文化、社会、自然等多种因素的影响。其中经济因素的影响尤为直接首要。一般而言，经济条件好、物质财富丰饶可在较大程度上增强人们的幸福感。相形之下，经济条件差、物质财富匮乏低则会降低人们的幸福感。

无疑，财富对于幸福的作用显而易见。当一个人处于贫困状态时，物质财富的增加会带来幸福总量的增加，但当金钱积累到一定程度，幸福快乐效应就开始递减。世界范围内幸福指数的调查结果显示，发达国家幸福指数反而不高。2006年，英国“新经济基金”组织了一次涉及178个国家和地区的“幸福指数大排名”，名列榜首的是太平洋岛国瓦努阿图，一批发达国家反而排名靠后，八国集团无一进入前50名，英国和美国分别名列第108位和第150位。上述国内调查似乎也说明了同样的问题，2013年我国经济最为发达、居民收入最高的深圳、北京、上海、浙江幸福指数最低。“2012幸福城市市长论坛”在拉萨举办，论坛期间公布了“中国城市幸福排名”，北上广三地均未入围前十，而一些省会城市则在休闲时间和幸福感上表现突出。

调查显示，影响居民幸福感的主要因素是收入、健康状况和感情生活，而收入则影响着居民休闲时间的长短。经济学家一般倾向于使用个人层面的效用函数来表示人的幸福程度，而效用函数又取决于消费商品的种类和数量。在此前提下，收入水平或物质福利的总体增长自然会带来幸福感的增加，经济增长或收入增长因此一直被视为经济学研究的核心命题。

是否可以认为，身心健康状况是人生最重要的财富，也是幸福的第一要素？幸福本是身体和生命的幸福，脱离身体和生命的幸福是虚幻的，皮之不存，毛将附焉？健康与人的工作、事业、交往、对幸福的感受程度等都密不可分。1999年，盖洛普公司进行了有史以来规模最大的一次民意调查，结果显示世界各地的人民普遍认为，身体健康和家庭幸福比其他东西更为宝贵。尤其对于老年人，健康往往是幸福感最为有力的预测指标。

人是环境的动物，幸福作为一种特定情境下的个体感受，与其所处的政治经济环境、自然环境和人文环境密不可分。在一个天蓝、地绿、水净的美好家园里，在一个没有了食品药品安全隐患的国度里，在一个诚信守法、友善互敬的社会，在一个人际关系相对和谐的生活共同体内，在一个公权力不被滥用且敬畏民意的制度环境下，在一个公域私域界限分明的礼乐社会，在一个资源配置相对均衡、发展机会相对平等的社会，退一步讲，即使全社会的物质财富尚不够丰富，科技尚没有发达到带来极大便利，人们的幸福感也会保持在一个相对高的指数。

显然，这些客观因素的具备，与政府的职能以及政府存在的理由密切相关，与政府的施政理念及其所能够提供的公共物品和公共服务密切相关。

9.2.2　隐性的主观因素

除了上述客观因素的影响之外，人的主观幸福感占据着更为重要的作用。在 20 世纪 60 年代晚期到 80 年代中期，人的主观幸福感的测量成为心理学的一个热点研究领域。后来社会学家和经济学家加入这一研究行列，幸福感的丰富内涵和表现形式得到了更多的揭示。

应该承认，幸福感受到诸多复杂因素的影响。经济因素如就业状况、收入水平等；社会因素如教育程度、婚姻质量等；人口因素如性别、年龄等；文化因素如价值观念、传统习惯等；心理因素如民族性格、自尊程度、生活态度、个性特征、成就动机等；政治因素如民主权利、参与机会等。

影响幸福感的隐性主观因素，与人的需求得到满足有关系。美国社会心理学家马斯洛把人的需求分成生理需求、安全需求、社交需求(爱与归属的需求)、尊重需求和自我实现需求五类。人若逐步满足了这些需求，则其幸福指数会逐次上升。人的安全感得到满足后，其对于外在世界的信任感就容易产生，焦虑、烦躁和忧惧就会离其远去；当人在人际交往中受到肯定，获得了爱情、友情和亲情时，其幸福感是不言而喻的；当人格受到尊重，劳动、才识和能力受到重视并得以发挥时，其幸福感也会油然而生；当人的成就动机、预期目标得以实现时，其产生的幸福感就会剧增。

英国哲学家罗素在《走向幸福——罗素精品集》一书中，用了八个章节剖析人不幸福和幸福的根源，他认为成功的快乐带来的幸福始终是与困难相伴随而言的，人应该在平衡与宁静中找到幸福生活，在努力与舍弃中追求自己的幸福。幸福感作为一种人格特质，也是健全人格的一个重要因素。

另外，心理参照系也是一个不容忽视的主观因素。孔子曰："不患寡而患不均，不患贫而患不安。"朱熹对此的解释是："均，谓各得其分；安，谓上下相安。"这种思想对后人的影响很大，甚至成为国人的一种社会心理。它也许有消极的一面，但仍有适应现代社会的一面，现代社会的稳定实际上也是要靠"均"，倘若贫富差距过于悬殊，社会便有可能分崩离析。且"不患寡而患不均"也符合社会主义的公平和正义的思想。这也可以用以解读 1949—1978 年，物质生活贫乏的国人较少有被剥夺感，因为在工人、农民、国家干部、军人等几大板块中，物质生活待遇基本呈均质化安排（虽然板块之间不具可比性），板块或单位内部的人们福利待遇大抵是均平的。现在大家都承认与计划经济时代相比，改革开放给自己带来了实惠，但与他人相比，又感到自己得益少。这是打破平均主义而导致利益分配上的不均等，社会各阶层获益上的差距经过社会比较，加之自我偏爱的心理定式以及盲目攀比、怀旧失落等心理影响产生的认知偏差。所以，新时期以来的物质利益关系结构变迁，社会分化程度加大，尤其是贫富差距凸显，反映在人们的社会心理如参照系方面，就会顿生一种失落感、不公平感或被剥夺感，这时，幸福指数就会相应跌落。

可见，政府在加大力度实现发展成果更多更公平惠及全体人民之余，还应在调适社会心理，加大心理疏导和注重人文关怀等方面，多下工夫。

9.2.3　新"幸福指数"要素

近年来，经合组织（OECD）致力于推动各国政府在 GDP

指标之外，同时参考幸福指数来制定公共政策。2005 年，前墨西哥财政部长安赫尔·古里亚担任经合组织的秘书长后，即着手负责研制“幸福指数”。专家组经多年研究，提出了一个包含诸多要素的指标体系，依次是收入、就业、住房、教育、环境、卫生、健康、社区生活、机构管理、安全、工作与家庭关系以及对生活条件的整体满意度。古里亚说，在 GDP 之外创立一套衡量生活满意度的指标并非经合组织首创，不少国家也在致力于这项工作。但经合组织公布的“幸福指数”汇总了 34 个成员国的数据，国际化程度最高，其特点在于，每个人可以根据对生活不同内容的不同侧重得出个体生活满意度的数据，而个体的选择汇聚起来则可以体现一个社会、一个国家的整体生活质量。

古里亚说，希望通过这一指标体系来试探各国反响，各国政府也可从中了解到民众需求，使其公共政策更为有的放矢。这一指标体系还将进一步完善，随着时间的推移，可能会有更多指标纳入考虑范围，而且比较对象也可能扩大到经合组织伙伴国——巴西、中国、印度、印度尼西亚、俄罗斯和南非。

2011 年初，中共广东省委在关于广东“十二五”规划的建议中，明确将建设幸福广东作为“十二五”规划的核心。广东率先向社会公众征求幸福广东指标体系框架的修改意见，开了全国先河。

幸福广东指标体系由客观指标和主观指标两部分构成。客观指标部分包含两级指标，其中一级指标 10 个，二级指标 50 个。一级指标包括就业和收入、教育和文化、医疗卫生和健康、社会保障、消费和住房、公用设施、社会安全、社会服务、权益保障、人居环境等 10 个方面；主观指标设置一个对个人幸福程度的总体评价指标，下设个人发展、生活质量、精神生活、社会环境、社会公平、政府服务、生态环境 7 方面共 35 项指标。

幸福广东指标体系坚持两个“导向”和两个“突出”。即督促各级政府树立以人为本的工作导向，切实将政府工作重心从过于重视经济发展转变到重视和尊重人的发展上来，推动加快转变经济发展方式；以引导民众树立正确的幸福观为导向，使群众对幸福广东的内涵认识更加准确全面，促进社会和谐；突出推动各级政府围绕“建设幸福广东”改进有关工作；突出解决民众关心的热点、难点问题，以增强民生福祉，而不是仅仅反映民众的幸福程度。

可以认为，“幸福广东”指向的是一种新的执政理念，是一种新的发展模式。编制幸福广东指标体系，对全国无疑具有一定示范和带动作用。

9.3 和谐的幸福家园

十余年来，民生问题成为国人最为关切的社会问题。这种关注热点的相对稳定，反映了人们对于社会发展态势的判断，也反映出体制改革与社会发展对人们生存条件、生活质量和生活保障的影响程度。这些都影响着人们的安全感以及对未来生活的预期和规划，从而影响到人们的幸福指数。

建设幸福家园绝非朝夕之功，是一个共建共享并不断深化的长期过程。研究和编制幸福指标体系也不可能一蹴而就，幸福指标如何将主客观合理结合是个难点，而且幸福是发展变化的，指标体系要充分反映当前的生存状态，也要能够引领未来。我们不妨将这一努力视为促进建设幸福家园的手段，以引导全社会不断深化对幸福的认识，并以此汇聚民意、凝聚建设幸福家园的共识，激发全社会研究和探索幸福家园建设路径的热情，引导各级党委政府以最广大人民群众的幸福为工作导向和落脚点。

9.3.1 幸福感“滑坡”疑云

如果要对新时期以来国人的幸福感作出评估，那将是见仁见智、众声喧哗的一个局面。

有论者提出，中国过去20年幸福感不升反降，因为在计划经济向市场经济转轨的过程中，虽然中国经济总量增加了，但中国原有的社会福利制度却打破了，新的福利制度未跟上建设的步伐。旧的废了新的未立，再加上体制上的痼疾，导致社会贫富差距不断加大，社会矛盾日益突出。许多人的工作和收入不再像以前一样有保证，尤其是“老有所养”和“病有所医”尚难以落实，让人们活得有尊严更多的还停留在宣教阶段。还有论者强调分配不均和生活不安定对生活满意度的负面影响，指出这些亟待解决的顽症皆因社会发展落后于经济发展所致。

应当承认上述观点不乏合理成分，但更应该指出的是，幸福感有明显的客观实在性，首先取决于民众物质生活资料的满足水平。改革开放 30 多年来，我国城镇居民的可支配收入和农村居民的纯收入增长了将近 7 倍，居民消费结构明显改善，城镇居民恩格尔系数显著降低，居住条件和生活环境逐步改善，绝对贫困人口大为减少，这些巨变无疑为国人幸福感的提升打下了坚实的物质基础。

2012 年，联合国发布了首份《全球幸福指数报告》。根据这份报告，丹麦成为全球最幸福的国家。美国仅排在第 11 名。

被称为“幸福经济学”的鼻祖和奠基人的伊斯特林（R. Easterlin），在 1974 年提出了一国的经济增长未必会换来生活满意度的改善的论断，这一观点后来被广泛称为“伊斯特林悖论”（Easterlin Paradox）。几年前，他在论文《中国生活满意度研究：1990—2010》中指出，在过去 20 年里，中国普通百姓的生活满意度呈下滑趋势。

也许，相对于改革开放初期，近些年国人“幸福感”确实有所滑坡，这与需求满足感的边际效应不无关系。物质基础是产生幸福感的前提条件，但当其超过一定范围之后，物质和收入的增长与幸福和快乐的关系就渐行渐远了，且越来越多地表现为个人主观上对事物的体验。

近些年国人“幸福感”有所滑坡与相对滞后的民生保障有关。社会全面转型过程中存在制度缺陷，如城乡二元社会结构下的传统制度安排，人的生存保障、权益保护机制有待改进和完善，近年来物价涨幅过快，城镇居民基本民生方面的支出增加。

此外，趋于恶化的生态环境也会在直观上挫伤民众的幸福感受。地下水污染、土地重金属污染、大江南北雾霾重重、极端恶劣天气，加之舌尖上的不安全现象处于难以治理状态，貌似无休止的基建投资给各地带来了成百上千的工地，造成老百姓出行困难且生活不便，还有一些社会管理环节易发的问题，容易给人一种每况愈下的感受，自媒体时代的大众吐槽也使得这种感受或情绪易于传播、放大。

9.3.2 “幸福城市”的启示

在国民幸福感遭遇“滑铁卢”之时，深圳市以颇具创见和前瞻性的眼光，着力打造“幸福城市”构想，倡导社会建设须树立“五种理念”：“社会建设是科学发展重要内容的理念”、“社会建设与经济建设同等重要的理念”、“社会发展是城市发展重要支撑的理念”、“社会创新是创新型城市建设重要范畴的理念”、“和谐社会共建共享的理念”，此举被时论誉为大旱云霓之策。

为实现“幸福城市”构想，深圳市将关注度和着力点聚焦于民生：建立完善工资正常增长和工资支付保障机制，努力提高居民工资收入；制定出台促进高校毕业生就业和创业工作的办法，完善失业人员培训补贴办法，户籍人口零就业家庭实现户数动态归零；在全国率先实现“全民医保”，扩大农民工养老、工伤、医疗保险参保人数，增加保障性住房建造面积，推进“社区首诊、分级诊疗、分片转诊”医疗模式和“院办院管”的社康中心管理模式，推广“居民健康卡”，将精神卫生工作纳入公共卫生体系；全面实行高标准免费义务教育，提升高等教育质量。

我们姑且不论这些措施的最终效果如何，但这些措施所体现的以人为本、提升民众幸福感的理念值得倡扬，其尝试给予我们颇多启示。

首先，提升国民幸福感、促进社会和谐关键在于不断改善民生，加快发展经济，提高人们收入水平，建立教育、医疗、卫生、社保、住房等多个层面的社会保障体系，稳定物价，让人们的生活水平实实在在地提高。特别是解决好房价高、看病贵、上学难等关乎老百姓切身利益的民生问题，并把建立公平合理的分配制度作为提升国民幸福感的保障，这些直接影响百姓对政府改革的情绪，使经济增长转化为国民福祉和幸福感提升。

其次，推广一种“包容性增长”的发展理念和实践。2010年，昆山市成为全球6个“联合国人居奖”获奖者之一，也是我国唯一获奖城市。联合国人居署在昆山的获奖评语中指出，昆山确保外来人口除充分享有平等的教育机会外，还充分享受退休待遇、医疗服务和其他社会保障，并拥有与当地人口享受同等公共服务的权利。昆山能够获此殊荣，靠的不是高楼大厦和丰厚财力，而是一种“包容性增长”的襟怀和实践。在昆山，覆盖全民的社会保障体系日益完善，人人平等获得发展机会。正是这种“一视同仁、人人共享”的包容，使城市生活变得更加美好和谐，赢得了世界的肯定。昆山经验同样富有启示意义：“包容”体现了共建共享的发展方式。当前我国正处于城镇化的关键阶段，在矛盾频发、资源有限的环境中，城市如何实现发展经济与改善民生的“双赢”，如何实现讲究效率与确保公平正义的统一，确实需要“包容”的勇气和智慧。

最后，制定各项民生政策要从提高国民幸福感的宗旨出发，了解百姓对每个民生领域的需求程度及排序，让国民幸福感真正成为施政导向，把幸福指数的考量切实纳入地方经济社会发展的规划之中，真正让改革的成果惠及人民，为幸福感成为广大民众的基本心态奠定基础。把“幸福指数”纳入官员政绩考核，纠正重经济建设轻社会建设的偏向，使官员高度关注民众的“幸福指数”。让官员像过去关注 GDP 增长一样关注民众的“幸福指数”，并使之成为一种自觉的施政行为，让国人在公平、公正、民主、自由的社会氛围中真正感受幸福。

9.3.3 共建精神家园

构建和谐社会离不开中华民族共有精神家园的营造和守护。精神家园是人的心灵抚慰之地、精神寄托之所。正如“精神家园丛书”序言中所引用的匈牙利著名哲学家赫勒对“家”的理解那样，我们都需要家为我们提供熟悉感、自信感和温暖，“‘回家’应当意味着：回归到我们所了解、我们所习惯的，我们在那里感到安全，我们的情感关系在那里最为强烈的坚实位置”。

在工商业发达的物质时代，在消费主义甚嚣尘上的时代，人们感慨人际关系变得冷漠、疏离而趋于物质化，精细的算计和功利的应对无处不在，触目惊心的“小悦悦事件”、“南京彭宇案”以及名目繁多的食品造假、商业欺诈，人的行为似乎没有了敬畏和约束，仁义礼智信朴诚勇全线告急，我们固守了几千年的安身立命的文化传统，在面对工商时代的挑战时失灵了。务实和功利，固然是科学技术发展之后的理性化社会、消费社会中一个很普遍的现象，但它们一旦走到了极端，走到背离真善美，放逐价值和精神的地步，则无疑是精神家园的萎缩和病症。当下的信用危机，也似乎表明国民缺少了中华民族真正具有约束力的信仰系统和价值体系，缺少了伦理共识、文化认同、终极关怀，缺少了敬畏之心与定盘针。这也促使我们认真反思长期以来的政治教育与道德教育的实效性。

无疑，我们要在经济全球化、文化多元化的潮流中，重新检视中华民族的民族性特征和中国文化 60 多年来的发展道路，重新检视“国民性”问题。传统社会的精神家园往往由经验、习俗、民俗乡约、家法家规、儒家伦理纲常等文化要素所构成，并形成一个同质的、超稳定的文化模式和精神家园。五四新文化运动作为一种文化革命，预示着一种精神家园的重建，科学、民主和法治逐渐被选择成为引领精神家园的发展方向。但是，此后的历史进程并不平顺。

市场逻辑追求个体利益最大化，强调生产者与消费者之间间接或直接进行的物质能量和金钱交换。这种交换以利益为核心，以金钱为等价物而展开，势必对传统文化构成冲击。在一个法治和诚信的社会里，个人对财富和幸福的追求，也会转化为创造社会财富和推动社会进步的动力。在市场经济条件下重建当代中华文化，建设中华民族共有精神家园，开掘并弘扬中华文化积淀着的中华民族最深沉的精神追求，从中汲取中华民族生生不息、发展壮大的丰厚滋养，是意义重大的任务。

精神家园意蕴丰赡，有论者提出，它起码包含人生活的自然地理环境及相应的生态家园感，传统文化以及在其熏陶下形成的文化认同感，国家政治制度、意识形态及其政治认同感，社会经济模式和分配体系及相应的安居乐业感，家庭、亲友关系及其亲情归属感以及人的自我价值取向与自我成就感等要素,① 这一意涵与疏离感、荒诞感、零落感、放逐感、被剥夺感、不公平感大异其趣，也指向了精神家园建设尤需着力之处。

习近平总书记在第十二届全国人大一次会议上的讲话中指出:“经过几千年的沧桑岁月，把我国56个民族、13亿多人紧紧凝聚在一起的，是我们共同经历的非凡奋斗，是我们共同创造的美好家园。”②他在省部级主要领导干部学习贯彻党的十八届三中全会精神全面深化改革专题研讨班开班式上的讲话中强调，一个国家选择什么样的治理体系，是由这个国家的历史传承、文化传统、经济社会发展水平决定的，是由这个国家的人民决定的。我国今天的国家治理体系，是在我国历史传承、文化传统、经济社会发展的基础上长期发展、渐进改进、内生性演化的结果。这一论断表明，国家治理体系与精神家园有着深厚的历史关联。

“弘扬中华文化，建设中华民族共有精神家园。”③这是党的十七大提出的一个重要思想。为此，我们要深入挖掘和阐发中华优秀传统文化讲仁爱、重民本、守诚信、崇正义、尚和合、求大同的时代价值，“深入考察儒家价值与环境伦理、生命伦理、社群伦理、职业伦理的关系，儒家与现代民主、权利意识、公民社会及现代政治文明的关系，儒学的终极性、宗教性与超越性问题，儒学与女性主义的对话，儒学的草根性及其与生活世界的关系”。④ 系统清理传统儒家文化的礼乐文明和心性文明资源，抽绎出其中能为当代中国和谐社会的建设提供养料的思想资源和能在中国现代化的社会生活中起到积极作用的核心价值观念。

建设中华民族共有精神家园，“保持民族性，体现时代性”是重要的路径指归，这要求我们倡导积极的家园意识，

---

① 欧阳康:《精神家园的多维要素及其现代困惑》,《精神文明导刊》, 2011年第6期。

② 《人民日报》, 2013年3月18日第1版。

③ 《十七大以来重要文献选编》, 中央文献出版社2009年版, 第27页。

④ 郭齐勇:《儒学与马克思主义中国化及中国现代化》,《马克思主义与现实》, 2009年第6期。

厘清中华优秀传统文化的历史渊源、发展脉络、基本走向，讲清楚中华文化的独特创造、价值理念、鲜明特色，增强文化自信和价值观自信，为文明对话和伦理重建提供精神食粮，使中华优秀传统文化成为涵养社会主义核心价值观的重要源泉，成为建设中华民族共有精神家园的重要源泉。

结语：社会建设是实现中国梦的基本保证

社会建设是中国特色社会主义事业“五位一体”总体布局中的重要内容，是社会和谐稳定的重要保障。

在现时代加强社会建设，必须从维护最广大人民根本利益的高度，加快健全基本公共服务体系，加强和创新社会管理，推动社会主义和谐社会建设；必须以保障和改善民生为重点，多谋民生之利，多解民生之忧，解决好人民最关心最直接最现实的利益问题，在学有所教、劳有所得、病有所医、老有所养、住有所居上持续取得新进展，努力让人民过上更好生活；必须加快推进社会体制改革，围绕构建中国特色社会主义社会管理体系，加快形成社会管理体制、基本公共服务体系、现代社会组织体制和社会管理机制。

社会建设的核心价值或本质，是更加公平合理地配置社会资源和社会机会。提高人民物质文化生活水平，加快健全基本公共服务体系，构建中国特色社会主义社会管理体系，无不涉及社会资源和社会机会更加公平合理地配置这一核心问题。努力办好人民满意的教育，推动实现更高质量的就业，千方百计增加居民收入，统筹推进城乡社会保障体系建设，提高人民健康水平，加强和创新社会管理，这些任务指明了在我国合理配置社会资源和社会机会要特别关注的领域。

加强社会建设和社会管理，根本上是要把公平正义落实到我国宏观制度和微观制度的方方面面。因此，制度安排的公平至关重要，要加紧建设对保障社会公平正义具有重大作用的制度，逐步建立以权利公平、机会公平、规则公平为主要内容的社会公平保障体系。

在现时代加强社会建设，还需理顺政府组织、市场组织和社会组织的关系。三者关系集中表现在中国特色社会主义社会管理体系的探索构建上。一是党委领导、政府负责、社会协同、公众参与、法治保障的社会管理体制。二是政府主导、覆盖城乡、可持续的基本公共服务体系。三是政社分开、权责明确、依法自治的现代社会组织体制。四是源头治理、动态管理、应急处置相结合的社会管理机制。构建新型的国家、市场与社会的关系，避免政府失灵、市场失灵以及社会失调。

社会建设是实现中国梦的重要途径，也是实现中国梦的基本保证。中国梦并非单向度的宏大叙事，而是与每个中国人的现实生活紧密联系在一起。对此，习近平总书记曾娓娓道来：我们的人民热爱生活，期盼有更好的教育、更稳定的工作、更满意的收入、更可靠的社会保障、更高水平的医疗卫生服务、更舒适的居住条件、更优美的环境，期盼孩子们能成长得更好、工作得更好、生活得更好。人民对美好生活的向往，就是我们的奋斗目标。这无疑是对以民生为重的中国梦的生动诠释。

关乎人民幸福的中国梦，是每个中国老百姓的期盼。每个中国家庭能过上富裕而有尊严的生活，共同享有人生出彩的机会，如此亿万个平凡的中国梦，共同编织成美好社会的瑰丽蓝图。强国和富民是中国梦的题中应有之义，应如车之两轮并行不悖。发展中要统筹兼顾，既要着眼于强国，又要坚持以人为本，从维护最广大人民根本利益的高度，以保障和改善民生为重点，立足于谋民生之利，解民生之忧，逐步实现共同富裕这一社会主义的本质。只有推进以民生为重的社会建设，解决好人民最关心最直接最现实的利益问题，切实维护社会公平正义，才能解放和增强社会活力，进而增强社会共识，凝聚中国力量，不断夺取中国特色社会主义新胜利，实现中华民族伟大复兴的中国梦。

参考文献

1.《马克思恩格斯文集》第1~10卷，人民出版社2009年版。

2.《毛泽东选集》第1~4卷，人民出版社1991年版。

3.《邓小平文选》第1~3卷，人民出版社1994、1993年版。

4.《江泽民文选》第1~3卷，人民出版社2006年版。

5.《三中全会以来重要文献选编》上、下卷，人民出版社1982年版。

6.《十四大以来重要文献选编》上、中、下卷，人民出版社1996、1997、1999年版。

7.《十五大以来重要文选选编》上、中、下卷，人民出版社2000、2001、2003年版。

8.《十六大以来重要文选选编》上、中、下卷，中央文献出版社2005、2006、2008年版。

9.《十七大以来重要文献选编》上、中、下卷，中央文献出版社2009、2011、2013年版。

10.《坚定不移沿着中国特色社会主义道路前进 为全面建成小康社会而奋斗——在中国共产党第十八次全国代表大会上的报告》，人民出版社2012年版。

11.《〈中共中央关于全面深化改革若干重大问题的决定〉辅导读本》，人民出版社2013年版。

12. 费孝通：《乡土中国》，北京大学出版社2012年版。

13. 陶德麟：《社会稳定论》，山东人民出版社1999年版。

14. 陆学艺：《当代中国社会阶层研究报告》，社会科学文献出版社2002年版。

15. 陆学艺：《当代中国社会流动》，社会科学文献出版社2004年版。

16. 陆学艺：《社会建设论》，社会科学文献出版社2012年版。

17. 李强：《社会分层十讲》，社会科学文献出版社 2008 年版。

18. 孙立平：《博弈：断裂社会的利益冲突与和谐》，中国社会科学出版社 2006 年版。

19. 李春玲：《断裂与碎片：当代中国社会阶层分化实证分析》，社会科学文献出版社 2005 年版。

20. 俞可平：《中国公民社会的兴起与治理的变迁》，社会科学文献出版社 2002 年版。

21. 桑玉成：《利益分化的政治时代》，学林出版社 2002 年版。

22. 红旗大参考编写组：《构建社会主义和谐社会大参考》，红旗出版社 2005 年版。

23. 毛寿龙：《政治社会学》，中国社会科学出版社 2001 年版。

24. 景天魁等：《社会公正理论与政策》，社会科学文献出版社 2004 年版。

25. 邓伟志：《变革社会中的政治稳定》，上海人民出版社 1997 年版。

26. 欧阳康：《民族精神——精神家园的内核》，黑龙江教育出版社 2010 年版。

27. 沈壮海：《文化软实力及其价值之轴》，中华书局 2013 年版。

28. 国务院研究中心社会发展研究部课题组：《社会组织建设：现实、挑战与前景》，中国发展出版社 2011 年版。

29. 任剑涛：《社会的兴起——社会管理创新的核心问题》，新华出版社 2013 年版。

30. 邓大松、向运华：《社会保障问题研究——和谐社会构建与社会保障国际论坛》，人民出版社 2009 年版。

31. 邓大松等：《中国社会保障改革与发展报告 2012》，北京大学出版社 2013 年版。

32. 丁俊萍、罗永宽：《社会新阶层与统一战线》，中国文史出版社 2005 年版。

33. [美] 西摩・马丁・李普塞特：《政治人：政治的社会基础》，张绍宗译，上海人民出版社 1997 年版。

34. [美] 塞缪尔 · P. 亨廷顿:《变动社会中的政治秩序》, 王冠华等, 译, 生活 · 读书 · 新知三联书店 1989 年版。

后　记

本书是新闻出版总署社会主义核心价值体系建设“双百”工程《中国特色社会主义理论体系普及读本》中的一本，也是国家出版基金项目。全书围绕中国特色社会主义社会建设的基本内涵、时代要求、原则遵循和实现路径，分民生推进、社会治理、共建共享三编对中国共产党的社会建设和社会治理理念、社会主义和谐社会理论与实践进行了多视角探讨，聚焦历史新起点上的我国民生保障和改善、社会公平正义、社会利益协调、社会阶层和谐、社会治理创新、社会组织建设、社会活力激发、幸福家园共建等问题域，根据作者对党的十八大精神和十八届三中全会精神的理解，力图作出深入浅出的阐释、解读。

本书由罗永宽提出写作构想，经顾海良教授及丛书编委会讨论后确定写作提纲。本书第 1 章的初稿由研究生尚广道提供，第 2 章的初稿由研究生王真宇提供，第 4、5 章的初稿由研究生黄庆提供。由于通俗读物的编排要求，文中引用的相关著述的观点和引文，未全部标注，在此一并向作者致以谢忱。同时，对武汉大学出版社领导及责任编辑陈红表示感谢。

以明快晓畅的话语把理论转换成普及通俗读物，颇有知易行难的意味。两年前接到这一任务后即着手准备，其间教学、科研任务繁重，夹杂一些校庆期间的工作事务，断断续续地延宕至今，打乱了写作节奏，而两年间关乎社会建设的新形势、新问题变化多且快，相应地有不少新精神和新材料问世，所以基本上是置两年前的初稿于一旁而重写。写作于笔者是一种渐进的修持，每次开始总有一种心气或较高的自我期许，而每次搁笔总有一种自知不足的缺憾感，也许这也算是人生的又一写照吧。

弘扬社会主义核心价值体系出版工程重点图书

中国特色社会主义理论体系普及读本

总主编：顾海良　佘双好

《道路 制度 理论体系——中国特色社会主义基本理论》

《民族精神 时代精神 共同理想——中国特色社会主义共同理想》

《价值观 核心价值观 核心价值体系——中国特色社会主义核心价值观》

《道德 人生 社会——中国特色社会主义道德建设》

《大众化 时代化 中国故事——中国特色社会主义理论体系普及路径》

《人民民主 法治国家——中国特色社会主义政治发展道路》

《中国奇迹 中国道路 中国模式——中国特色社会主义经济建设》

《吸引力 影响力 文化软实力——中国特色社会主义文化建设》

《民生 和谐 幸福——中国特色社会主义社会建设》

《资源 环境 生态文明——中国特色社会主义生态文明建设》

《领导核心 执政使命 伟大工程——中国马克思主义执政党建设》

《民族复兴 和平发展 和谐世界——中国特色社会主义和平外交战略》